蜂屋賢喜代

[校訂版]
人間道

法藏館

はしがき

まずしい信仰の産物ですが、この文集が装いを新たにして、諸君の前に見《まみ》ゆることになったのを、私は非常にうれしく思います。

高調なる信仰的表現の書は世に多くありますが、この文集は、私の母や父や兄弟や妻の了解し得る程度の標準で書いたものであります。ことに私の母は少し自分に難解であると、世には学問のある人ばかりではない、私のようなものにも了解できるように書いてくれと、すぐに抗議を申し込みますので、その希望に随って多くは書いたものであります。

これを麦堂《ばくどう》文集の第一集といたします。麦堂とは私の号であります。『成同《せいどう》』に書きました大正七年一月から大正九年六月までの中から集めたものであります。

本来、私は文筆に拙《まず》い上に、あわただしい生活の間から怱々《こつこつ》として書いたものばかりでありますので、殊更《ことさら》、行文《ぎょうぶん》の拙いことによって、定めて皆様に読み苦しさを感じさすことと存じて恐縮しております。時々友からも忠告を受けるのですけれども、書き直すことが大儀であって、どうにもその癖を改めることができないのであります。このたびも文体だけでも整えるとよいと思ったのですけれども、その余暇もなく、病弱のため余力も出ないので、やむなくそのままで印刷に付することにいたしました。

こんなお恥ずかしいものですけれども、混雑な私の生活からとしては、かなりの努力だったのであります。それも家庭のものが、陰に陽に、いささかずつでも私の筆をとれるように始終力添えをしてくれたからであります。ことに老いたる父は、なるべく私の内外の用務を引き受けて、私をして毎月『成同』を発刊し得るように彼の最後まで尽くしてくれたのであります。七十有余の老軀《ろうく》を引っさげて、終始間接に助けていてくれたのであります。私は心中密かにそれを感謝しつつ、しかも一度も礼を言ったことはなかったのであります。その父去りて二年後の今日、この文集が出るにあたって、私は心から父に感謝しているのであります。それゆえ、この文集は私であると同時に父なのであります。私はこの文集を父の記念物として、このたび皆様の前にさざげるのであります。

たまたま同信の友、尼崎《あまさき》三之助氏の切なる厚意にほだされて、急に出版するようになったことを深く感謝するとともに、不思議に思っているのであります。

足利瑩含兄《あしかがえいがん》はこの文集の世に出ることを喜んでくれられ、弱い私では到底その準備を運ぶことのできぬのを知って、その一切を引きうけて多大なる力添えを惜しまれなかったことを厚く喜んでいるのであります。

印刷に関する一切はこれを同朋舎に御依頼しまして、足利浄円《あしかがじょうえん》兄の御配慮のもとに、内容の体裁や装丁のすべてをお世話になったのであります。

かくしてこの文集は世に生まれ出でました。しずかに思いをめぐらしますと、多くの友の愛護と御力との結晶であります。かつて『成同』に載るまでには私の敬愛せる多くの方々の御力によるのであります。そしてこのたび、文集となるについてはかかる諸兄の御力によったのであります。深く感謝いたします。ひとえに如来の御冥護を仰いでよろこび、伏して皆様の上を念じてやみません。もしもこれがいささかたりとも皆様の求道の伴侶ともなるならば、私はどんなに喜ぶことでしょう。

大正十二年十一月

著　者

人間道［校訂版］目次

目　次

凡　例

一、引用文献および本文の漢字は、常用体のあるものは、常用体を使用した。
一、歴史的仮名遣いは、すべて現代仮名遣いに改めた。
一、読みにくい漢字や、当て字などは、平仮名に改めた。
一、聖教の引用は、『真宗聖典』（東本願寺出版部刊）によった。
一、『真宗聖典』は、「聖典」と略記し、引用の頁数を付した。

人間道［校訂版］

無碍道

一

誰が可愛いといって自分ほど可愛いものはない、親が可愛い子が可愛いといっても、やはり自分が一番可愛いのである。人が可愛いといっても、そうすることが自分の好きなことであるから、つまりは自分が可愛いのである。

一番可愛いのは自分であるから、自分を幸せにしたいという願いは、二六時中忘れることの出来ぬことである。これは生来《せいらい》の望みであって、幼ない児童にもこの本性がちゃんと具わっている。そしてそれが二十年、三十年と年をとるに従って、だんだん発達してくる。これは何よりも確かな事実であって、到底《とうてい》どうすることも出来ぬものである。

社会が益々《ますます》複雑になり、人々が激しく活動をするというのも、この目的をどうにかして果たそうとする結果である。

ある人は金だという。金を作らねば到底幸せにはならぬという。ある人は学問がないと幸せにならぬという。ある人は子を立派に育てねば幸せにならぬと思っている。皆人はどうかして幸せになろうと、それぞれにもがいているのである。このもがくということは、実は現在の自分が幸せでないということを自白しているのである。何でも幸せにならにゃならぬ、幸せにならにゃおかぬと、息をきらして走っておるのである。

二

親鸞聖人や古聖賢も人間である。人間である已上は我々の心と違うところはない。けれども自分を愛し自分を幸せにしたいというについて、そのやり方と行き方が違うておるのである。世人が往々、教えの意《こころ》が得られぬというのは、その着眼点が違うからのことである。けれども考えねばならぬのはこの点である。聖人は種々な外囲《がいい》の物によって自分を幸せにしようとはせられなかった。それは到底それらによって本当の幸せの得られぬことを知っておられたからである。それらは単に一時的であって根本的のものでないからである。だから一歩進んで精神上について考えられたのである。すなわち自分の魂を幸せにしようと願い、魂の苦しまぬようになりたいと思い、努められたのである。

我々の考えは、自分が幸せになるためには、足らぬものを付け加えたら、それで幸せになると思っている。それは最も普通の考えであるけれども、それは外からの一時の塗り薬で内臓の病気を治そうとするようなものである。外の物が思うようにならぬからと悩んでいるけれども、実は皆魂という核心《なかみ》のなやみであるのである。月を観る人の心によって月は悲しくも嬉しくも観えるのと同じである。問題は核心《なかみ》の問題、魂の問題である。

三

病に罹《かか》ると、病人は苦しいという。たとい手足をもがかずとも随分悩むものである。けれども苦しいというのは、病気そのものよりは、病気によって種々《いろいろ》様々なことが、案ぜられたり、恐れられたりして、病気よりもかえってそのやきやきと心配したり、方の儚《はかな》んだり、落胆したり、もがいたり、もどかしくなって腹が立ったりすることのが、余程《よほど》苦しいのである。それは皆魂の病気であり、魂のなやみである。多くの人は病の苦しみと魂の苦しみとを一所にしたり取り違えたりしている。であるから我々は、何よりもまず魂の健全を謀《はか》らねばならぬのである。何につけても魂の悩まぬ方法を講ぜねばならぬのである。古聖が金や財産や権勢や名声に目をくれずして、一向に道を求められたのは、魂ひとつを尊重して、その魂の病まず悩まぬ道を求められたのである。実はそれが本当に自分を可愛がり自分を幸せにすることである。

「念仏者は、無碍《むげ》の一道《いちどう》なり」（『歎異抄』聖典六二九頁）と親鸞聖人の叫ばれたのは、今までは種々《いろいろ》なものに悩まされ障礙《しょうがい》せられて、魂が常に行き詰まったり倒れたりしたのが、何事に逢うても悩まされず行き詰まらず、広い野原に出たような魂の自由を喜び叫ばれたのである。

四

あるものは無くなることがある。造ったものは壊れることがある。そこに自由はない、きっと不安が付いている。城壁はいかに堅牢に造っても魂の不安は去らぬ。盾《たて》や鎧《よろい》をいかに丈夫にして身に纏《まと》っても、肝心の本体が弱くては、病人が立派な着物をたくさん着たようなものである。我々の魂ひとつが強くなり幸せになり、自由の天地に進むようにならねば、いかに金があっても名声が上がっても、決して幸せということはできぬ、魂が無碍の一道に立ってこそ、はじめて他の色々の物にも幸福を感ずることができるのである。

身体は弱くても魂は強健にならねばならぬ。財産はできずとも魂は無碍道を得ねばならぬ。強健の身体があり金があればなおさら魂の問題を計らねばならぬ。

たとい外からの物で一時の小康をえて安心していても、外界周囲の動乱変動を避くることはできぬ。それは、まさかの時に間に合わぬ。まさかの時に間に合わぬものは真に幸福なものではないのである。

困ったとき

一

私には時々「つくづく困った」と思うことがあります。口に出して人にいう時などは、本当に困った時ではなく、本当に困った時は、困ったとさえいえぬのであります。誰にも同様の事が必ずあるだろうと思います。真に困った時は困ったという自覚さえなく、ただ切ないばかりであります。この切なさを抱いて、じっと堪《こら》えているほど苦しいものはありませぬ。

二

かかる経験は、若き青年にもあるでしょうし老人にもあるでしょう、事業に失敗して困った時にもあろうし、病気に罹《かか》った時にも起こるでしょう。することがなくて困っている人にもあるでしょう。ともかくも途方に暮れてしまうのであります。何が苦しいというて、これに襲われたほど苦しいものはありませぬ。困り切った場合に人が自殺さえするのは無理のないことと思います。それは生きがいがなくなったのであって、存在するにはあまりに切なきまでの困り方であります。ところがこれを他人から見たところでは、そう悲観せずともさほど消極的に考え込まずとも汝の周囲には広い平野の広がりが残ってあって、どうでもなるではないか。そう困らずともよいではないかと思いますけれども、当の本人にとってはちょっとの余裕もないほどに困りきってしまうのであって、どうすることもできぬのであります。すなわち自分の心の生きて行く道がなくなって、どうすることもできず、途方に暮れるのであります。

これは、進むべき方法がないのではなくして、多くはまず第一に心の内において困ってしまっているのだから、どうすれば良いかという考えもなくなり、道も発見できぬようになってしまうのであります。この場合に際会しては学者も無学者もありませぬ。老いたるも若きも、男も女も皆同一であります。

大工が家を建てる場合には、図面を書きます。まず心の内にあって、ちゃんと家が建て上がり、道が通じて、しかる後にそれが図面となり、建築物となって顕《あら》われてくるのであります。それと同様に、魂の上において道がなくなったものにとっては、図面ができず建築にもかかれぬのであります。どうして行こうにも道が途絶して、一身をさえ持てあましてしまうのであります。

三

誰でも本当に考えるならば、困ってしまうものであります。しかるにたいていは本当に考えずに、困りかけると直ちに一生懸命になって、一時的にでも紛らして、ともかくも困らぬよう困らぬように考えて過ごしているのであります。妻子で紛らし、蓄財で紛らし、地位で慰め名誉で慰め、理屈や空想で紛らして、困らぬよう困らぬよう逃げ回っているのであります。しばらくでもやれやれとなって、実は困っていてもちっとも困らぬような顔をしたり、あるいは困っていながら困っているとさえ気づかないでいる人があります。それは真実をごまかしているのですから、人知れずひそかに言い切れぬ寂しさや不安が、常に後方にひそみ隠れているのであります。

いかにごまかしていても、いかに酔った気持ちでいても、一度はいつか醒《さ》めざるを得ぬ時が来るのであります。

四

醒《さ》めれば苦しむからといって、一生醒めずに酔って通り切ることはできませぬ。一旦気づいてみると、金を貯めるのも面白くなくなり、妻子によってなぐさんでもいられず、あれも面白くないこれも面白くない、これもつまらぬあれもつまらぬと、どれをとってみても皆馬鹿げて、何をしても張り合いがなく意味がなくなり、ひたすらに真実なものを求めるようになります。けれども真実なものは何一つ見当たりません。ますます焦りますけれども、いよいよ心は荒《すさ》むばかりであり、暗くなるばかりでありまます。百方計尽《けいつ》きて自分を救う道がなくなって、真に持てあますのであります。ついには真に手も足も出ぬようになり、ときには生存の意義さえなくなって、苦しさのあまりには、生よりも死をさえ選び望むようになります。もしかかる時に死ぬことができたら、死はきっと救いでありましょう。けれどもそれさえ自由をえませぬ、実に死以上の苦痛であります。この場合、魂の叫びを聞くならば、生でも死でもありませぬ、それはただ「助けてくれ」であって、救われたい助かりたいの一念より外《ほか》はありませぬ。

善導《ぜんどう》大師は、人生行路中におけるこの場合の魂のなやみを顕わして「回《かえ》るともまた死せん、住《とど》まるともまた死せん、ゆくともまた死せん、一つとして死を免れず」と言われました、実にその通りであります。左に逃げん右に避けんと試みても、これまた我を救う道ではない、すなわちそれさえできぬのであります。家庭を逃れんか、山に入らんかとさえ考え、逃げんとすれどもそれはかなわぬ状態にあるのであります。真にどうすることもできぬ、一層のこと自我意識を殺して、死んだ気になって、名を認めず利を認めず、人を認めず社会を認めず、目を塞《ふさ》いで通ろうとしてみましても、魂の眼《まなこ》はいよいよ明晰に醒めてきます。

元来人間は本然性《ほんねんせい》として、死ぬことを欲しませぬ。どうしても生きねばやまぬ心がありま す、すなわち願往生心《がんおうじょうしん》であります。たとえ肉体が死んでも、それは魂の生であらねばやみませぬ。

五

善導大師は、私どもにただ一つ生きる道、助かる道を教えられました。道はただ一路前方にあり、ただ進めと、それは如来本願の一道であって、それは待たれつつある道である。釈尊教えていわく、

「仁者《きみ》ただ決定《けつじょう》してこの道を尋《たず》ねて行け、必ず死の難なけん。もし住《とど》まらばすなわち死せん」と。また西の岸の上に人ありて喚《よぼ》うて言わく、「汝《なんじ》一心に正念《しょうねん》にして直ちに来《きた》れ、我よく汝《なんじ》を護《まも》らん、すべて水火の難に堕《だ》せんことを畏《おそ》れざれ」

（「散善義」聖典二二〇頁）

と、この如来道を信じ念仏して進むときすなわち、そこに救われ、そこに甦ってはじめて生きることができるのであります。

六

私どもがもし醒めるならば、道はなくなり、そして魂は四方死に囲まれます。そこ

には生きる道がなくなりますが、ただ本願の一道のみが残っているのであります、進め護るとの誓いであります。死を賭して私どもは信ぜねばなりませぬ、疑ってはなりませぬ、そこに道がないと思ってはなりませぬ、決して行けぬと思ってはなりませぬ。進めぬと思ってはなりませぬ。信ずるところに魂の道が一路通ずるのであります。進むことによって行くことによって、護られてあることを実証し、実験することを得るのであります。されどたとい信じて道を進むとも、一分二分する時、心に躊躇逡《ちゅうちょしゅん》巡《じゅん》を生じて、この道険悪にして到底《とうてい》生きる道にあらざるべしと、疑い怯《おび》え退《しりぞ》かんとする心を生ずることがある。この時は断固として信じ、思い切って進め、必ず救われ、大なる歓喜と光明とを感ずるぞと申されてあるのであります。

　魂開けて道通じ、道開けて光を見、進むに従って、不思議にも、我が生きる道は外界事物の上にも開け来るのであります。これは信じたる後の不可思議の現象であって、各自が実地に味到すべき天地であります。不可称不可説不可思議《ふかしょうふかせつふかしぎ》の境地であって、あらかじめ測量すべき限りではないのであります。

怨んではならぬ

私どもは人を怨《うら》み、世を怨むことがあります、そして苦しみかつ悩みます。私どもは人を呪《のろ》い、世を呪うことがあります、そして苦しみかつ悩みます。けれども、人を怨み世を怨み、人を呪い世を呪って苦しんだり悲しんだりしていてはなりませぬ。それよりは自分を怨み自分を呪わねばならぬのではありますまいか。

人を怨み世を呪うというのは、つまりは他が自分を苦しめ自分を悩ますのであると思っているからのことでありましょう、すなわち自分の苦しみの原因が他によって来ていると思うからであります。外面から見るとあるいはそう見えましょうけれども、起こってきた問題は仕方がありませぬ。ただ自分のために自分はこれをなんとか処置していかねばならぬのであります。いたずらに怨んだり苦しんだりしていて、苦しみを繰り返し悩みを積み重ねていてもそれは所詮《しょせん》のないことであります。

世界は自由であります、しかるに私どもは自由であることを忘れて、不自由を感じて苦しみます。そしてその罪を他に嫁して怨んだり呪ったりしているのでありま す。問題は戦うか許すかにあるのです。苦しければ自分が退くか他を退かしむるかであります。人を退かしむることのできぬのは自分の力が足らぬのであります。自分が退くことのできぬのは力がないからであります。そのままにして許すか許さぬかの問題も自分の自由なのであります。いずれか一つ、自分の心一つ、力一つでどうでもなるではありませんか。

親と子とが離れるか離れざるかは自由であります。友人と離れるか離れざるかも自由であります。夫婦が離れるか離れざるかも自由であります。その事業と離れるか離れざるかも自由であります。ただ自由でないのは自分の心であります。自己の利害を考えたり自分の名誉を考えたり、人の批評を恐れたり将来の結果を案じたりする心があるからであります。これは弱者の声であります。この心が自分に不自由を感ぜしめるのであります。

ゆえに自由を妨げるものとして鞭打つべきは、他にあらずして自分でありましょう。つまりは自分を鞭打たねばならぬこととなるのであります。問題は他と自との関係でなくて自分と自分との関係であって、怨むとならばこの狭小な力の足らぬ自分の心を怨まねばならぬ、呪うとならば自分の意気地なき心を呪わねばならぬのであります。苦しむとならば自分の心と心との内闘《ないとう》であらねばならぬのであります。

かく考え来たるときは、一切のことは皆自分自身の問題、自分一人の問題となるのであります。自分一人の問題となるときには、自分一人のこの心が救われればよいこととなるのであります。ここに立って考えねばならぬのが宗教の問題であります。

多くの場合、多くの人は他によって自由を得んと望みます。それゆえ、妻は夫を怨み、夫は妻を怨み、親は子を怨み、子は親を怨み、兄弟は互いに、友も互いに、そして社会を呪い人生を呪い境遇を呪って、ついには家庭をも社会をも宛然《えんぜん》たる修羅道《しゅらどう》と化します、そしてそこに修羅道の世界を現出して、日夜その中にあって、ますます苦悩を深めつつあるのであります。それでは永久の戦いのみあって恒《つね》に自分の悩みから救われることはありませぬ。そして自他ともに搦《から》み合って落ちゆく苦しみを嘗《な》めさされるばかりであります。

一切の問題が自分一人の内的問題とならねば救済の門戸は開けず、問題は永久に解決する時はありますまい。

友よ

一

書面は差し上げておきました、ご伝言は承りました。

真実な心より何かただ一つの事でもやりたいものです。死に土産《みやげ》の心地《ここち》から何かをやらねば生の満腹がないと存じます。でないと人間は生き甲斐がありませぬ。このままでは活《い》きているというよりも死なずに続いているというだけのことです。

自分でさえあまりにつまらないものだから、苦し紛れに存在の理屈をつけて、やっと胸を撫でているに過ぎませぬ。人間というものは手を休めたら、張り合いがなくて身のやり場がなく困ってしまうものであります。それゆえ皆人は何か彼《か》をしているものです。これといって何一つ真実なこともできず、何一つ本気でやれぬ悩みを抱えているものです。ですから私も何かと常に自信のあることを求めています。またそれを人様の上にも期待しております。

私はもっともっとしんみりと沈潜して、内心本然の要求に聞きつつ一事一物をやらねばならぬと存じます。いつもやいやい言ってやっていることが、実はどうでも良いくらいのことを、やいやいと強いて意味づけてやっているような気がしてなりませぬ。物足りなくて困ってしまいます。私は沈潜して本当のことを考えて、やりたいと思うのに、ぶくぶくといつも浮き上がり通しで多くの飽き足らぬ日を過ごして後悔ばかりしております。そしてだんだん齢《よわい》を加えてもう四十近くなりました。たまりませんね、どうしましょう。それでこの頃は、せめて、しんみりと真実を語り合う話し相手になってくれる人でもあればと念《おも》います。ただの一人だけでも得たいという願いを持っています。そう願っていながら、煩悩はいつもいつも私の要求を他にそらしてしまいます。そして私をついつい思わぬほうにばかり引きずって誘惑してしまいます。私はこのために一生疲れさされてきました。私は戦闘準備ばかりに忙しく日を費やしてきたように思われてなりませぬ、じゃあといって初めから、だから凡夫は駄目なのだ、己《おの》れのようなものはどうしてみようもないのだと、早く諦めて結論に入ろうとするのは好みませぬ。それはあまりに自分に不真面目です。常に真を追い慕うにあらずんば、到底《とうてい》不真の自覚さえも本当には得られないからであります。

二

人としんみりと談じることができて、そしてそれが自分の願っている本真の心地であるならば、雑念は次第に去って平生の希望が達せられることだろうと思いますが、誰と話し誰と語らんかが問題であります、談ずべき語り相手というものはなかなか得難いものです。指折ってみますと、数多《あまた》の友達知人があるようでも、真に適当な相手というものは見つかりません。話したいと思う人はあってもその心がなかったり、真に話してくれそうな人であってもどうも話が合わなんだりします。西哲の語《ことば》に「友は一人あればよい、しかしその一人を今人《こんじん》に得ることは難いものだ」とあったのを思い出します。こんなことを書くのも畢竟《ひっきょう》はあなたが忠実に聴き手になって聴いて下さると思うからですが、あるいは本当に聴いていて下さるのでなく、聴かずにそらすのもかわいそうだと思う同情のあまりから、談じたり聴いたりしていて下さるのではないかとさえ思うこともあります。済まぬことですけれども、疑い深いようですけれども、そんなことさえ思えてならぬほどに、この意味において寂しさを感じます、同時にまた語り合う友を真実に恋うているのであります。

三

私はこんなことをさえ静かに考える今夜のような時を懐かしく思います。夜は快く更けて頭がさらさらとしてきました。自他いろいろなことが映じきたって、夜のよろこびを感じています。今はちょうど一時であります。人の上や自分の上を真に考え出すと、もう夜が徹してもかまわぬような気になります。弱い身で殊《こと》に病後だから、早く寝るように、頭を使わぬようにと言われますけれども、あまりに雑事に紛れて大事な月日が過ぎて、貴重極まりなき命が消耗されてゆくかと気づいてみると、もう単に存続でしかない命のことなどは、かまったり労《いたわ》ったりしていられなくなってしまいます。夜でも昼でもどうでもよい、否《いな》、私はむしろ夜の世界を慕います。昼はなんだか雑事雑音ばかりのうるさいことの多い世界であって、私を誤魔化し去ってしまうのであります。

釈尊《しゃくそん》は健康の大切なことを説き、命は魂を育てるに必要なものであり、身体はその大事な生命の容器《いれもの》であるから、粗末に扱ってはならぬとくれぐれ申されていますが、また命ぐらいはどうでもいい真なる道を求めよ求めよと申されてある場合のほうが、私にはつい嬉しい気がします、そして健康を害しては、ああしまったと後悔して、また前の釈尊の誡《いまし》めなどを思い出します。けれどもやはりそれでも駄目です。なかなかそううまくはいきません、業力《ごうりき》に引きずられて、如来に護られて、何とかなっていきましょう。要慎《ようじん》のできるだけはして、できぬところはまあ仕方がありませぬ。しかるべく進むより仕方がありません。調合《ちょうごう》ばかり考えている間に日が暮れてしまいますからね。

四

私は多くの人々に招かれて、信仰談などをしてきました。そして時々その人々は喜んでくれました。けれども私がいよいよ真剣に語り合おうとすると、その人々は道連れとなってくれずに、すぐ右へ曲がったり左へ外《そ》れたり、道はぐれとなってしまったり、立ち分かれとなったりするときのがっかりさというものを、おそらくあなた方は知らぬでしょう。（そんな時には、ほとほと道の談《はなし》などすることは厭になりますよ、そんなら坊主をやめればよいといわれるかもしれません、もちろんそれは私には思わぬ事は無いのですけれども、この生活をやめて他にどれだけ恰好《かっこう》な生活が私にできるかと首を回《めぐ》らしてみますと、ちょっと、見当たらぬのであります）その人々の多くが喜んで聴いていてくれるのは、ちゃんと早合点の早落ちばかりでして考え直したり疑い直したりさえしてくれないのであります。それでは納得ができぬなどとかかってくるような人はあまりないものです。それでまた私には語り相手を失って寂しく感ずるのであります。

そして、凡夫というものは到底真実のないものだとか、煩悩具足《ぼんのうぐそく》だとかと、早回りをして、ちゃんとお悟《さと》りを開いて落ち着いてしまうのを、見たり聞いたりしますと、平生《へいぜい》こんなところにお茶を濁してきた自分を、今眼の前に見せつけられている気がしてたまらない情けなさを感ずるのです。ああ、わが魂よ、道草を喰っていずにまっすぐに歩んでおくれよと念じます。そして如来よ、我に威神力《いじんりき》を加被《かひ》したまえと念ぜざるを得ませぬ。そして行くべきところまで行かしてください、そこで本当の私の家にありつきましょうと念願することがあります。かく如来を念じつつ、現在において、一人の友をさえ慕います。たといそこに友をえずとも、かく希《こいねが》うことによって私の心の内に、全く平生の自分と別な自分に逢うことをうるのであります、まあそれがせめてものことであります。

親を愛す妻を愛すなど思っていましても、実はまぎれ暮らしてしまうのですから、本当にそんなことを考えてはいないのです。たとえ考えることがあっても、それはほんの思うだけのことであって、なかなか着手をしておらぬのであります。いわば願《がん》だけあって行《ぎょう》がないのです。その願だけでさえいかがわしいもので、ちょっと思ってみる時があるばかりであって、思いに疲れてしまうだけのことであります。自分の問題でもそんな気がします。本真に考えねばならぬという思いだけのところで行きどまって、それを繰り返して疲れているばかりで、ついには生活のため名利《みょうり》にのみ流れて、あくせくと日が過ぎてしまうのが落ちです。なんと惨めなことでしょう、残念なことではありませんか、袖を嚙んで泣く心地がします。それでいて、あまり切ないものだからこれでも何かになっているのだと、自分に理屈をつけて落ち着いておかぬとやりきれぬほど飽き足らぬ心地であります。どうぞよろしくあらしめたまえと如来に向かわねばならぬようになります。未来を願うのではありませんよ、まだそこまで行かぬのです。結論に急いではならぬと思います、私はちゃんと落ちを知っているものですから、聞いているものですから、否《いな》教えられているものですから、これは宗教教育を受けた者の悲哀でしょう。そう早く落ちまで行って、辿るべき道程の味わいを失ってはならぬのです、それでは単なる落ちであって、真宗においてはこういうのだ、などとかつぎ出したくなるのですが、それは真宗というものであって自分の道ではないのであります、それでは本当の決着でないことを知っています。本当に辿りたいじゃありませんか、本当に辿って本当に辿り着かねばなりません。プロセスにおいて真でないものの終結が、どうして真でありましょうぞ。真でなくしてどうして救われることがありましょう。

私が語り合う友を願うのは、すぐここらから外《そ》れようとする自分自身を避けたいからであります。私はもっともっと真実に辿りたい、どうぞ手を引いて真実に辿らせて欲しいと願います。「真実の心はありがたし」などと平生《へいぜい》よく言いますが真実を本真に辿ったものでなくて、どうして「真実の心はありがたし」などという大したことがわかりましょう。単に雑駁《ざっぱく》にそんなことを言ってみたといって、思ってみたといって、それは全くの空なことであります。それは何でもありません、オウムが人の言葉を言ったからといって、それが何でしょう。金持ちになった夢を幾度見たといって、それが何になりましょう。ああもうくたびれましたからこれでやめます。

人間としての親鸞聖人

一

四月一日という日は、聖人のこの世界に出誕せられた記念の日である。私は、今日にして、もし聖人の出世なかりせばと考える。そしてその教えがなかりせば、いかに不幸なりしかを思わずにはおれぬ。

私は親鸞聖人を知れるものとして断言するをはばかるけれども、聖人の人格を憧憬《どうけい》せずにはおれぬ。私は、深き理解ある人として、私の悩めるいかなる場合にも常にこの理解ある聖人と出逢うことのできることを喜ぶのである。親のごとく親しみやすく、友のごとき知己《ちき》と導きとを感じて、その温情に浴することである。

二

私がある一つのことについて悩み苦しむとき、その悲しめる心にて聖人を顧みるとき、聖人は直ちに我が傍らにあって、わしもそれに苦しんだと言われる声に知己を感じて切なき胸を撫でることである。私が苦しむそのいつでも、聖人がちゃんと横に来ていられるのを感ずる。この意味において私は、「御同行《おんどうぎょう》、御同朋《おんどうぼう》」よともうされた言葉の真実を感ずる。そして手を取って、如来に往こう本願に往こうと、私を導いて光に向かわしてくだされ、救いの手に接せしめてくださるのである。

三

私は一遍だって聖人に叱られたことがない。いつも一緒に泣いてくれる親であるから懐かしいのである。その言葉の一々をことごとく味わうことはできぬにしても、それは私がまだ、人生なり、自己について味験《みけん》することが浅いからであって、進んでいるうちにはきっとだんだん分かってくることと信じている。私は今これを皆解《わか》ろうとしない、それは無理だと思う。今のところで自己いっぱいに味わわれ救われてさえゆけば十分である。

四

私どもは、自分を買いかぶり過ぎている。もし聖人なかりせば、あるいは永久に買い被《かぶ》って、本性の自己に逢わずに過ぎたであろう。そして買いかぶっているがために自分の願求《がんぐ》することについても、自己の力の可能を信じて、我が身知らずにも、徒労な努力に関わって悲痛な悩みに沈淪し苦しんだことであろう。

聖人は、人生の真実なる研究者であった。聖人は、真実に人間性に目覚めたる真の人間であった。あくまでも自分の人間であることに自覚した真の人間は、古往今来《こおうこんらい》親鸞聖人一人ではあるまいかと思う。

私は釈尊の人間味が、親鸞聖人の上に遺憾なく見えるように思う。人間味としての釈尊の一面を、親鸞聖人の上に拝する。聖人の上に、初めて徹底した人間味を見ることができる。多くの人は真の人間ではない。

五

親鸞聖人の深刻なる実験は、我は悪人なりという自覚であった。我は弱きものなり、我は力なきものなり、我は清き心のなきもの汚《けが》れたるもの、真に愚かなるもの真実なきものなり、慈悲なきものなりという自覚であった。そしてついに、

悲しきかな、愚禿鸞《ぐとくらん》、愛欲の広海《こうかい》に沈没《ちんもつ》し、名利《みょうり》の太山《たいせん》に迷惑《めいわく》して、定聚《じょうじゅ》の数《かず》に入《い》ることを喜ばず、真証の証に近づくことを快《たの》しまざることを、恥《は》ずべし、傷《いた》むべし、

（「信巻」聖典二五一頁）

と叫ばれた。

浄土真宗に帰《き》すれども　真実の心《しん》はありがたし
虚仮《こけ》不実のわが身にて　清浄《しょうじょう》の心《しん》もさらになし

（『正像末和讃』聖典五〇八頁）

是非しらず邪正《じゃしょう》もわかぬ　このみなり
小慈小悲もなけれども　名利《みょうり》に人師《にんし》をこのむなり。

（『正像末和讃』聖典五一一頁）

なんと嫌なことばかり言う方であろう。気弱い元気のないことばかり言った人であ

ろう。

私どもが自分自身の内心に向かって静かに、我は善人なりや悪人なりやと仔細《しさい》に験《けん》するならば、善人と悪人といずれが自分にふさわしい名であろう。真に善人となりうる能力ありや、無しというが本当の答えであるか、有りというが真実なる答えであろうか。もし試みに汝《なんじ》自身に向かって弱き者よと呼べ、しからば心は必ず真に首肯するであろう。常に強からんと望めるほどに弱き自分ならずや、誠ありや、慈悲ありや、皆それが愛欲《あいよく》と名利《みょうり》を源泉として顕《あらわ》れ居るを見るとき、親鸞聖人の偽《いつわ》らざるかかる告白に驚くであろう。道を求めつつあるものにおいては道の前に自分を偽ってはならぬ、買いかぶってはならぬのである。

六

聖人の一生は、向上的生活の相《すがた》ではなく、それはかえって向下的《こうげ》傾向である。

親鸞聖人の一生は、神や仏になるべく進む道ではなかった。人は多く神にならんと勉め、あるいは仏にならんとして仏や神の真似《まね》をしている。そしてその足が大地を離れておらぬ人間であることを知らずにいる。聖人はあくまでも、自分の人間であることの自覚に入られた。そしてそこに、人間の救われる唯一の道を発見せられたのである。自分を買いかぶって、仏となり神たらんとする前に、真の人間とならねばならぬ。この意味において、聖人の一生は堕落であった。堕《お》ちて真実の人間となられた。人間に降《くだ》れる救いは人間のみの救われる道である。普通人の心はあまりに上がりすぎている、私ども平生《へいぜい》の生活においては天上界《てんじょうかい》の心地である、そして人間であることの自覚を持っておらぬ。

私どもが天上界より下って人間界に一歩一歩下るとき、掛値のなき自分に立ち返るとき、そこに聖人と逢うことができるのである。そこは誰も彼も一つになれる平等の天地である、それが聖人のなんとなく慕わしく懐《なつ》かしき所以《ゆえん》であろう。

私にとっては、この真の人間としての親鸞聖人が無上に尊く懐かしいのである。私どもは、聖人の自覚に呼び覚まされて真の人間とならねばならぬ。

手紙

一生忘れられぬことのように思っていた私は、もういつしか過ぎた昔のことのように思われてきました。恋知らずは、どこまでいっても恋知らずなのかとさえ思われて、今はそのことが浅ましくなってきました。また一段と希望の世界が出てきたような感がいたします。打算から来ていた歎きであったことがしみじみ味わわれます。春らしい日影を見て、喜ばしい大自然にチャームされています。結婚だとか愛だとか恋だとか理解だとか、そんなに騒ぐほどのことでもないと思います。淋しい一人を賑やかに一歩一歩進ませていただきましょう、母上並びに奥様によろしく。

K子

拝啓、去る二十一日のご書面を披見しましたところ、いよいよ破れんとすとの御こと、その日が過ぎればちっとは御心の動乱も沈静することならんと察しますが、それまでは感慨無量の御ことと存じます。かの書面は速達便にてA兄《けい》まで回送せんかとまで思いましたけれど、じっと静かに考えました。それは兄を苦しめることともなろうし、また彼の人の苦をも増すことであろう、それらが辛く、その上かかる同情が必ずしもあなたのためになるとは信ぜられぬので、決心して思いとどまったのでした。人のことだけれども、種々《いろいろ》なことを聞かされると、いらぬ心配とは思いつつ気にかかってただささえ思うこと多き身がなおさら苦しさを増すばかりであります。同情するということは苦しいことであります。私は随分《ずいぶん》エゴイストであると自信しているのですが、時々こんなことに引っかかって人の疝気《せんき》を頭痛にやむようなことをして苦悩を嘗《な》めています。これもやはり自分の業《ごう》だろうと思います。そしてそれが多くはどうしてあげることもできぬことであるにおいては、苦しいばかり切ないばかりであります。横を向いて通らねばならぬほどに切なさを感ずることであります。私の念仏信は、かかる時の救いとなります。かかる時は多くクルーエルになることが私の救いであります。いらんことをまた言い出しました。このことによって御尊父様の隠れたる御心の一面が家内の方々の上に現れて、定めて何かを得られたことと思います。またご家庭中皆様の上にも、何かもたらされたものがきっとあろうと信じます。あなたにおいては無論のことでありましょう。あなたはどうせこんなことを経ねばならぬ必要のある方なんだろうと思います。けれどもどうかそれを空過《くうか》せぬようにしてください、大悲心が何かを皆様に語っていられるのであると信じます。

私は常に、境遇というものの中に大悲心を発見して味わってまいりたい、移りゆくまた現れ来る境遇を素通りしたくないと、境遇を尊重しています。すなわち、境遇の絶対性を信じている者であります。空模様が晴れたといって、ケロリとして悟り澄まさずに進んでいただきたいと思います。

私はいろいろのことで息苦しいほどになって心忙しく暮らしますので、心にかかりながらお手紙を書きませんでした。ごめんください。けれどもその都度、あなたの御書面は逐一拝見はしていたのです。あなたの真面目なところが出ていて嬉しく読みました。いつも手紙らしい手紙を書かれたのを知らぬ私は、本当のあなたにあったように思いました。お手紙としても緊張していました。人生を茶にしたり人を茶にしたりしないで、なおさら自分を茶にしないでいきましょう。一旦はお気の毒で切なく思いましたが、今日のお葉書にてやれやれと思いました。肩の荷が下りたようです。ともかく苦しんでいられぬだけが結構です。けれども先方は、一生気の毒かもしれません。また案外そうでないかもしれません。詫びる方法もまたあるでしょう。とにかくこの事件を無駄にしたくないと思います。要するにあなたには恋が起こらなかったのです、あの日以前の恋に似たものは、それはジェラシーであったのでしょうと思います。そして打算的なものが、お心を占領していたのでしょう。美《うる》わしい自然などにチャームばかりされていて、ついに自分をチャームにしてしまわぬように願います。じきにお悟りを起こしなさるが、あまり悟らないで本真の自性《じしょう》に随順して考えていきたいことです。人間は年を取ると、とかく小悟《こさと》りをしたがるものです。小悟りが自性を覆い隠してしまうほど、人間の哀れはありません。年寄りと宗教家と弱者とは、えて悟りたがるものです。危ないことだと思います。同情だか、小言だか、ご説法だか何だか分からぬものになりました。そして思うところが言えなんだ心地がしますが、またいつかゆるゆるご感想でも愚痴《ぐち》でも承りましょう、忠実に私の経験したことのないことですから、興味深く期待されます。妻にも話さざるを得んようになって少し話しましたら、ご同情していました。

済んだ道、たとえ苦しくともそれは皆、必要な道、良き道なんだと信じます。光に追われ光に向かいつつあるのでしょう。要はただ、今をいかに味わうべきか、将来をいかに観すべきかの問題が残っているのです。これだけは騒ぐほどの問題ではないとしても、忠実ならざるを得ぬ切要《せつよう》な問題だと存じます。

二十四日

蜂屋生

K子様

幸福を求めて

一

幸福を願わぬものは一人としてありますまい。そして我々は、それを得んがためにいかに努力していることでしょう。私どもはどうしてでも、この幸福を得る道を講ぜねばならぬ、真実の幸福にならねばならぬと、これを熱望しているのであるが、はたして得られているのであろうか。私は人々が案外幸福そうな顔をして、平気に見えているのが不審でならぬ。心底から幸せ者であると、真実に言い得るのであろうか。

金があるから幸福だとは言えぬ、名誉があるから幸福だとは言えぬ、親があり子があるから幸福だとは言えぬ。もちろん長生きだから幸福だとはなおさら言えぬ。枝葉の一つ一つの事を取り上げてそれだけで真の幸福だとは言えぬのである。根本のところ、魂の叫びとして心の底から、ああ私は幸せ者だと、徹底した感じでなくては真の幸福だとは言えぬのである。

二

名誉のなかった昔に比べて、今は結構だとか、金に困った昔に比べて幸福だとか、昔や以前と比べて、やっと満足しておくのは本当に幸福を感じているのではない。それはその心の底にあまり幸福だと思えぬ思いが、隠れ残っているのである。もし真実に自分を愛し真に幸福を望むものにあっては、現在の自分の胸の底に潜んでいる感じをごまかして、押し込めておくようなことをしてはならぬのである。昔は昔、今は今である。吾人は常に今に生きているものである。今の心に「俺は真に幸福だ」と絶対的に感じうるかどうかが大事なことである。そしてその幸福の感じは、金や名誉やその他衣食住のことによってきたる幸福の感じとは、到底比べものにならぬ尊い絶対的なものであらねばならぬのである。また金や名誉や健康やその他のものが、自分の意のごとくならないので、それによって不幸を感ずることがあっても、それによって根本のこの絶対的な真の幸福が破壊されないという、そういう感じでなくては真の幸福ということはいえないであろう。それゆえ、現在の自分の心にどう感じているかが、最も注意をせねばならぬことである。

三

今は幸福ではないが、将来は幸福になるだろうとか、そのうちに金ができれば幸福になるだろうとか、今に名声が高くなれば幸福になれるとか、将来の推測や予定の上に幸福を予想しているのは、その半面には現今はまだ幸福ではないのだということが含んでいるのである。幸福になるという望みはあっても、現在の心としては常に不幸の感じのみが続いてゆくということになる。将来はなるかならぬか未定の事柄であり、そして「現在においては幸福ではない」としてみれば、こんな哀れなことはない。幸福ということは過去や将来に持っていって感じることではなく、我は現に幸福なりという満たされたる感じでなくてはならぬ。こう考えれば人は皆現在においては、不幸者として自分を儚《はかな》みつつ暮らしているのではあるまいか。

あまりに不幸者であるために、自分では結構だと思っておらぬことさえ、人から結構だと賞賛されて、ようやく喜ぶような心が起こってくることがある。

お前は子があるから幸福だと人から言われたからといって、子があることが幸福ではない。自分が平生から幸福だと思えておらぬのなら、人から言われても何にもならぬ。お前は金があるから幸福だと言われたからといって、必ずしも幸福ではない。幸福ではないと思って生活しているのなら、それはまぎれもない不幸者である。しかるに人が羨《うらや》んでくれたり、幸せ者だと賞賛してくれると、それによって幸福を感ずるようなことがあるが、それは人と比べてから幸福を感ずるのである。しばらくでも幸福を感じて喜べていたら、それでも良さそうであるが、その反面の真実相を考えるならば、それは哀れな惨めなことだと思う。

人におだてられ羨《うらや》まれて初めて喜ぶのであるから、その煽動《せんどう》が過ぎ去るならば、実は不幸せなつまらぬ自分が残るばかりである。であるから、いつまでたっても人が賞賛したり羨んでくれぬならば、いつまでも不幸福者として寂しく悲しい心を抱いて、人知れず不満足に過ぎねばならぬのである。だから人は時に多大の金を費やしてでも、この賞賛を買おうとすることがある。

他人の批評や賞賛を待たずして、自分自身に我は幸福者だと思えることがあっても、なお自分の心の奥に真に幸福者だと言えぬ心がありはせぬか。何事も整って意のごとくなっても、我が魂は自分に真の幸福者ということを許さぬものがありはしまいか。我が心に向かって、お前は随分小言《こごと》ばかり言うけれども、考えてみよ、随分と幸福なんだぞと、絶えず申し聞かせてやって、やっと、そんなら幸福者としておきましょうというのでは、本当の幸福ではない。

衣食住や名誉や技能の一部分の満足でなくして、心の全体としてというか、心の根本というか、魂の真実なる本音として、幸せ者だと喜んでみたい願いを持っているのであろうと思う。たった一遍でもよい、真実にそう感じてみたいではありませんか。

四

親鸞聖人の喜ばれた南無阿弥陀仏とは、真実の幸福者という自覚から出た真実の喜悦と感謝である。

この根本的の幸福感は、他の物質上からまた他の精神上からくる幸福の感とは、比べものにならぬものである。「何はともあれ我は真に幸せ者だ」という魂の叫びであって、何者もこれに変わることのできぬ満足心、この上においてこそ、一切の枝葉的な幸福はことごとく根のある幸福として、その一々が皆花のごとく光を放つに至るのである。

五

幸福を感じないものに感謝はない。真の幸福を感じないものに真の感謝はないのであるから、我は幸福なりという真の幸福を感じられないところから、真の感謝が出てくるわけはない。真実の感謝をなしうる心は、必ず幸福な心である。

感謝ということは願わしいことである。人からも感謝して欲《ほ》しい願いを持っているが、自分にも心から感謝したい願いを持っているものである。いかに人のために尽くしても、その人が幸福なりと感じない間は感謝してくれるわけがない。またいかに人から恩を受けても幸福が感じられない自己の内心から、感謝の心が湧いてくるような道理はないのである。

子としては親に感謝したい念《おも》いを持っており、親としても子に感謝して欲しい願いを持っている。

けれども悲しいことには、多く子は親に感謝ができぬのである。それは子自身の心が幸福でないからである。親が自分のために苦労したり、親切を尽くしたり種々な世話をしてくれたその厚恩や労力は、十分認めているが、現在の自心がそれによって真に幸福なりという自覚に達せられないからである。

六

人間の魂は根本的の満足、衷心《ちゅうしん》の幸福を切望して止まないものである。それゆえいかに一部ずつの満足や幸福は与えられても、衷心が真に満たされない間は、すなわち根本の空虚が満たされない間は、どうしても心からの感謝は出てこないのである。

いかに巨万の金をその子のために遺《のこ》しても、子がそれによって真の幸福を感ずるに至らねば、感謝は起こらぬのである。たとえば、もっとあれば良いとか、これくらいでは中途半端だと思う心があったら、いかに親が多大の苦労をして与えたものであっても、感謝する心にはなれないのである。あるいは、その金のために家庭に問題が起こったり、その事業の継承が嫌いであったり、金と財産を守ることが面倒だったりするならば、その子はどうしても親に感謝することができないのである。親の方では思い思って尽くしてやったことであっても、子にとって、それが幸福に感じられない場合には、感謝の心は到底起こらぬのである。かえって怨むことさえある。

教育を受けても、長い間の教育が自分を幸福に感じさせないならば、感謝をする心は起こってこぬ。かえって学問をさせてくれたために、人生が複雑になり、いたずらに苦しい思いをせねばならぬならば、文字を知るは憂いのはじめといったように、本人は教育を受けたことを呪うに至るであろう。

産んでくれたということ、健康に養育してくれたということも、同様である。現在の身が幸福を感じているならば感謝もできようけれども、そうでないならば貧であっても富であっても、同じく産んでくれたことを呪わざるを得なくなるのである。産まれなかったならばという愁嘆《しゅうたん》の起こってくるのは、誠にやむを得ぬことである。中心に真実の幸福を感じ得ない間はいかにしても、産んでくれたことを感謝したり、育てられたことを感謝したり、与えられた境遇を感謝することは到底できるものではない。自分自身が真の幸福者という自覚に入ってこそ、そこに到達する資料となったものに対して、初めて敬虔《けいけん》な心から感謝することができるのである。

七

人間は皆、真の幸福者となりたいという切なる願望があるとともに、親子、兄弟、友人、社会、国家、一切のものに対して感謝の心を捧げたい願望を持っているものであろう。それはそうなることが真であり幸福であるからである。されば親も子も兄弟も、皆ともに各自が自分自分に、真の幸福者となるために道を求めて真っ向に進まなければならぬのである。すなわち不満な心、不足な心を抱きつつ不幸者として一日一日を送っているようでは、それこそ不幸者であって、哀れなことである。現在の自分自分の境遇において、現に今、我は最も幸福なりという自覚を得るに至るまで忠実に努めねばならぬのであって、これが求道ということである。救われるということ、他力信仰ということも、その天地に到達することである。古聖賢が、全く感謝的生涯に入られたのも、畢竟はこの天地に到達せられたからのことである。しかるに、この天地に至ることを求めずして不満と不幸を抱きつつ、いたずらに幸福たらんとして焦慮することは、ついに身を滅ぼし心を破ることとなるばかりである。

社会の人々は、今や、ますますその傾向になりつつあるのではないか。実に慎重せねばならぬことである。

だまされていた

私に今に忘れられぬ一つのことがあります、といって塩谷《しおたに》という老人は話し出された。

私の若い頃からの友達で、また仏法友達でしたが、一代に金満家になり、いつも尊いお寺さんに、毎度自宅に来ていただいて、連日泊まりがけで懇々と聴聞《ちょうもん》せられていました、またお寺にもよく参って聴聞をした人でした。そして同信の友の間にも、あの人こそは本当によくいただいている、喜んでいると感心されていました。もっとも私も、あの人こそはと信じていたのです。ところが、晩年、病気にかかって、長く床につきました。だんだん病気が重くなってきまして、いよいよもうダメというほどになりました。私も毎日ほど見舞いに行きました、そして御法義《ごほうぎ》の話もよくいたして喜んでいたのでした。それが死ぬ前となって、いよいよと覚悟をせねばならぬようになりましたら、どうしたことか、先が暗い、どうも案じられてならぬと言って心配しだしたのです。私もいろいろと談じ合いましたが、どうも死ねぬ、疑えてならぬ、といって大層嘆き出したのです。ではお坊様に来ていただいてよく聞けばいいと言うので、その人の信じていた方を、わざわざ来ていただいて、よく聞くことになりました。数日の後、私がもう最後だろうと思って、見舞いに行きましたら、ちょうど今や死なんとする時でした。私は、どうじゃなあと言って尋ねましたら、苦しそうな目を開いて「是非、言っておきたいことがある」と言います。何じゃと尋ねましたら、

「俺《わし》は長らく、だまされていた」

「誰にだまされていたのだ――坊さんにかい」

「いや」

「そんなら誰にだまされていたのだ」

「二つある」

「誰にだ」

「一つは心に」

「も一つは」

「も一つは、金……」

そういったなり息は絶えてしまいました。

金にだまされていたというその意味は、どういう風にだまされていたのか、聞くことができませんでしたが、その後考えますと、考えれば考えるほど、いろいろに考えられて意味深いことと思います。わざわざ私を待ってそのことだけを言って死んでくれたのかと思うと、今日に至るまで私は忘れることができません。

そう話をしていた塩谷という老人も今はいなくなった。

結婚論（一）

結婚ということによって、今まで知らなかった男と女が相知るようになる。あるいは多少知っていたとしてもあまり知らなかったのが、近づいてだんだん深く知るようになる。そしてここからおいおい生活の内容が複雑となり、色々な問題が湧いてくる。すなわち生活の内容が広がっていく。

結婚によって男と女と、二つのものが一つになるといわれている。けれども二つのものが一つになるというよりは、半分のものが相依って一つになるというほうが適当ではないかと思う。

理　想

互いの便宜上、自分のために結婚するようであるが、婚姻ということには暗々のうちに、一つの予想された共通の理想というものがあるのであろう。夫の理想であって同時に妻の理想であるべきものを予期しているようである。しかるに男と女と各自に有している理想が互いに衝突矛盾をきたすようになって、時にこの両者は互いに結婚の失敗を嘆かねばならぬようになる。

失敗者

私の知れる範囲の夫婦というものを見ると、多くはこの各自の理想の失敗者であるとともに無論共通の理想においても失敗者が多い。しかして彼らから、あるいは陰に陽にその歎息《たんそく》を聞かされることである。到底かかる狭隘《きょうあい》なる紙面で尽くすことはできぬことではあるが、吾人は心を新たにしてこの問題について互いに考えてみる必要があると思う。なぜならばこの問題は軽視されてはいるけれども、事実上においてはこれが諸方面に連関して、種々の問題を惹起《じゃっき》する根源となっているからである。これほど切実に自己の胸を突き、日常昼夜に、自己の心を禍《わざわい》しているものはあるまい。いかなる困苦も妻の慰めによってどれほど力を得ているか。また夫の心ひとつによって、妻がどれだけ力を得ているか。退いて考察するならば、誰にもそれは首肯されることであろう。それと同時に、夫婦の間の心意の疎通せざること、及び互いに慰められる代わりに、常に事々物々に齟齬《そご》されることによって、自分の心を傷つけ壊されていることを思えば、小さく思っていて、二六時中に受けるこの思いは、なんぞ知らん一心上に大傷害を受けていることとなって、自分自身にとってもまた他に対しても、全ての事が、この破綻されつつある心から出づるに至っては、必ず日常の万事に影響していくのである。私はある立派な実業家が、人間の不幸は家庭生活の不和疎心《ふわそしん》より甚だしいものはない。私は家庭においての失敗者であるが、それがため一生涯の事業は実のところは何の幸福慰安をも与えなかったと告白しつつ、切に注意されたことを忘れることができぬ。

人生

社会生活というものはある意味において、夫婦としての生活、即ち一家としての生活を根基としている。人生というものも、ある意味からは夫婦生活を出発点としているのである。

私は今、筆を取りつつ種々な思考に促されて、無論十分には書けないだろうが、とにかく、なるべく簡単に考察を続けてみようと思う。

帰

結婚ということは多くの場合、女が他の家へ行くことになっている。これを「帰」と書いて「とつぐ」といっている。男が養子にいく場合も同一に考えてよかろう。「帰《き》」という字は帰《かえ》るというのであるから、嫁《とつ》ぐ嫁《よめ》にいくというけれども、それは外面の形式からいうことであって、その真の意は帰るということであらねばならぬという意味であろう。嫁にやるといい、貰うということは、実は帰る、迎えるといった方が本義に適《かな》うのではあるまいかと思う。

嫁入りの荷を夫の家に送り込んだ時に、その家の門前で荷《に》なっていった息杖《いきづえ》などを折って帰る儀式があるそうである。再び実家へは帰らぬ、否《いな》夫の家が実は自分の家であったので、その家に帰った、送り届けた、迎えたということよりすれば、それでそのことは終局をつげたわけである。

私はこの「帰《と》つぐ」という字をつけて、その意をもって結婚の儀式が一貫してあることを見て、古人が、軽々にこのことを再びする不幸をさせぬための、方法としてやったことだとは思いたくないのである。やはり結婚ということは帰るということであってほしい。またそれが本当の意味あることであると思う。

私の架想《かそう》のようであるが、夫婦の関係は不可知の因縁によってすでに結ばれているものであると信ずる。結ぶということは、定められている通りになって結ばれてくるのであると思う。自分達人間が一旦の考察や、思案や、決心や、そんなもので決定されていくのではあるまい。ただそう見えているのであり、またそうしていくのであるが、そうするということがすでにそうされていくべき何らかのわけがあって、そうさせられ、そうなっていくのであろうと思う。

女の境遇

女の子を持った人は損である。幼い時から男の子以上に身体を保護して一点の傷すらさせぬよう、その他男児以上にいかにその両親の注意を労していることであろう。

しかして親の力の限り学校教育に、家庭教育に、技芸教育に、音楽教育に、外に出すものであるからといって一層可愛く、それがため、甘く暖かにしてやりたい心と、外に出すがために将来を思えば一層厳格に辛く育てねばならぬ心とに悩んでいる。そしてこの短日月の間に、いかに多くのことを教え習わそうとしているか。その上、一人前に早く仕上げて婚期の短きを案じ煩《わずら》い、あまつさえ分相応になるべくは不相応に、衣服調度を整えて低頭して貰ってもらうというにいたっては、女というものの憐れを思わずにはおれぬ。そしてなおかつ、男子よりは冷遇され、時には離縁される恐怖を有するにおいては、実に同情すべきものがある。しかしながら、帰るという意味からは、その本家に返すという意味も出てくる。帰るとは元の位地に還ることであって、しばらく縁あって他に行っていたものが還るのである。夫の家は妻の家の宿世の恩人ではあるまいかと思う。その家の恩に報いるために、大事なものを預かって、育ててその本家へ返還するのではあるまいか。これは勝手な考えのようであるけれども、愚想だと笑われても、今も私はそう信じている。したがってすべての人々も、そう信じてもらいたいと思う。

言葉の意味

嫁を貰ったと言わずに取ったと言う。言葉はどうでもよい、心は同じだというけれども、貰った心がちっともなく、盗み取ったような心地がありはせぬか、これは静かに考えねばならぬことである。夫が妻の母や父や、兄弟やなどに冷たくして、しかも一品一物を贈られ獲《う》ることを当然と心得、妻の家を顧みぬ心が私の心にも常に動いているのを自知している自分にとっては、一笑に付してしまうわけにはいかぬ。本当に取りきったような心でおりはせぬか、取ったものには感謝や報いる心はない。貰ったのであるか、取ったのであるか。嫁がせた方としてもやったと言うならば、やったものに報酬を望む心はあるべからざるものである。貰ってもらったという言葉が真ならば、なおさらのことである。やったと言いながら、見えざる紐をつけて絶えず後ろから、時々ヒモをたぐり寄せて、苦しいだろう困るだろうと、与えてやった返したと言いながら、自家の方へ常に心を向けさせるようにしたり、自分の愛からは離さぬように、引きつけよう引きつけようと努めているに至っては、貰ったが貰ったにならず、やったがやったにならず、やったというのは預けている心であって預けたものは取り返そう下心があるのである。それゆえ嫁いだ帰ったと言っても、実は暫時《ざんじ》身を置いて試みているようなものであって、常に帰るべき所を後方に有して暮らしているのである。夫婦というものが、愛し合おうとして、和合しようと欲して、どうしても一つになれぬのは当然である。この心の不通と思想の曖昧が、ついには厭《いと》うべき不幸を醸《かも》すようになるのではあるまいか。

夫としても、妻を迎えた上は帰ったものとして考えねばならぬのは無論のことである。自家に生まれたものならば欠点が多いからといって、小言《こごと》を思っても仕方がない。帰ったものとして遇して、いかなる場合も処置していくべきである。双方の心得によって万事について大なる相違がそこから生ずることと思う。

結婚の過失感

夫婦は時に結婚ということによって、取り返しのつかぬ過失をしたと思惟していることがある。選択を誤ったということであって、事実において予想と反したことを後悔するのである。それは自分の意《こころ》の自由によって選んだのだと思うことから起こってくるのである。人をもって聞き合わすこともあったであろうし、自分で考えたこともあったであろうが、一歩一歩推《お》し究《きわ》めていくならば、ついには調査や思案では自分の道は分からなくなるのである。しかるにそれを知らずして、楽観してまずまずよかろうと自分勝手に分かったように思い、都合のいい方いい方にとって物を考えて決定した誤りである。私は考究するもよいが、最後は絶対信に立って決定したのでなくてはならぬと思う。

絶対信

私は、因縁だ約束事だという世間のことわざが深い意味を示していると思う。自然の成り行きそこに深い意味の約束があり、そうなるべき因縁があったのだということを素通りすることは、誰でも少し考えるならばできぬであろうと思う。帰《とつ》ぐは帰るの意だというのも、物事に絶対性を信じたいのであり、進んでは絶対者の意によって決定されているのだという事を信じたいのである。

絶対性といいました。それはもとより人間の意思で左右できぬものということを含んでいる。考えた通り思ったようにゆかぬと後悔して泣いたりするけれども、その初めに立ち返って、自分が考えかつ決めたと考えるのは誤りであって、やはり絶対性に随順してゆかねばならないのであって、そうなるべき因縁だ約束事だったと思わねばならぬようになるのである。

要するに問題は、絶対性を信ずるか、意志によって自由にいくと思惟するかにあるのである。

他決と自決

思ったようでない、考えたようにいかぬとなると、人は多く罪を他人にきせようとする。自分の意志をすら捨てて逃げようとする。自分は行こうと思わなかった、あるいは貰うと思わなかったのだ、けれども人に勧められたからそうしたのだったという。それがはたして本当だろうか、形式の上ではあるいはそうであったかもしれぬが、また実際そのように思っていたかもしれぬけれども、自分の大問題であるということぐらいは知らぬものはない。大問題がさように軽々と、他人によって律せられ、従順に服従すべきような心を持っているだろうか。全然それが自分のためによくないと信じて従えるものであろうか。黙して従ったという心の奥には、少なくとも善とも悪とも自分には決定されず分からぬことであるから、否むことができなかったのである。すなわち幾分かあるいは大いに信じていた点が、冥冥《めいめい》の裡《うち》に存在していたから、黙従したのではないか。それゆえ最後の決定は自分がしたのであって、少なくとも自分が決定しえぬがため他人が代わって決定したので、自分はその決定を、たとえどんな形式ででも承認したのである。他人が決定したのであっても、実は自分が決定したのである。こういうふうに自分が決定しておきながら、現在の苦を感ずるに至ってその起因するところを、他人に帰せようとするほど罪なことはない、しかしてそれほど苦しいことはない。自分がその責任者であり、決行者であり、選択者であることを自知しているならば、現在の苦悩はさほどでもないのに、責任を他人に帰している罰として、苦悩は一層激しくなってくるのである。これは深く省察を要する点である。もし当初に帰って省察するならば、怨む代わりに深くその罪を謝せねばならぬのである。そしてかかる誤りの心を持って夫に対し、あるいは妻に対し、他人に対して接してきた過去の一年二年十年二十年の罪を反省せねばならぬではないか。

予想と事実

苦は時に予想と事実との齟齬《そご》から生ずる。予想はあまり大きすぎてはならぬ、そしてあまり多すぎてはならぬのである。結婚後の夫婦両者の失敗感は、多くはここに起因しているかもしれぬ。

人は完全無欠のごとき過大な欲望満足を空想しているがために、後悔を生ずるのではないか。妻が夫に嫁する時に、すでに多くのかかる空想を予期しておりはせぬか。たとえ過大でなくても随分多くの望みを持っておりはせぬか。時に単純に見えているその心の奥底には、夫の深き愛や、夫の立身出世を願わぬものはないであろうが、自分を忘れて一向にそれのみに憧れているというのはどういうものであろうか。「共に苦労をする」「暮らせてさえいけば十分である」といい、「捨てられさえせねば満足する」というくらいであるならば、さほどの問題も起こらなかったかもしれない。しかるに夫に嫁するのではなくて、かかる多くの欲望に嫁していないだろうか。互いに助けて夫の内助となってというような心持ちはどこへかいって、ただ強く盛んになるものは、かかる欲求のみではないか。

本来は夫に帰《と》つぐものであるのに、その財産や兄弟や親戚や、地位や権勢や（それも将来を予期した地位や権勢にさえ）全てが夫を忘れて自分の便宜のみを考え、末の末までを考えた後に決心したのではないか。今まで未知の他人であったものを、心から愛することと信ずることのできぬのは、当然であるから、必然に夫の親や兄弟や親戚、財産、地位、そんなものを打算の内へ入れて考えることはやむを得ないことであろう。しかしそれは必ずしも正しいことではあるまい。そしてそのことによって多大の予想と満足を期して進んだところに、後悔の原因はあるのではないか。少なくとも不純粋なものであったのであろう。その不純粋なものを誤想して自分には欲がなかった、純粋な心であったと思い誤っているならば、その人はあるべき以上の苦感を受けねばならなくなるのは避くべからざることである。

夫としても考えねばならぬと思う。夫としての後悔は、もっと良いものであると妻を予想していたということではなかろうか。理想として、十分至極した要求を妻の上に望んでいる。私も往々それをやって、腹立ち、イライラし、後悔し、悩むことがある。その時は完全無欠を妻の上に要望している。それが満たされず破れるところに苦痛を感ずるのである。妻に千手観音《せんじゅかんのん》であることを要求する。どうせ妻の力を借りて生活していこうと願っているような心は、意気地《いくじ》がないのである。妻に下婢《かひ》たらんことを要求し、令夫人たらんことを要求し、学者であり保母であることを要求し、賢妻良母であることを要求しつつ、仲居であり芸者であることを要求する。交際家であって書記であることと同時に、良い料理人であること良き看病婦であること、もし私の要求をあげるならば、際限がないかもしれない。最後に我が本務の代理人であることとすら要求する。常には己が養ってやるんだと広言しつつ、全く妻に養われようとする心さえ底に潜んでいる。女というものはばかだ、愚だ、と断定しつつ、なんぞその女に多くを要求していることかと、自己の愚に驚かざるを得ぬ。助けてくれれば助けてもらうもいいが、それは予期すべからざる事である。自己に足らざるがゆえに、その力を補ってほしいという卑劣な心も動いている。慰めてくれてもいいが、妻などの言姿によって慰めてもらわねば立っていけぬようなことなら、その心はもっと独立できる力を養わねばならぬのである。いささかずつも助け慰め忠実であるならば、予想の少ないだけに満足と慰めを感ずるのである。ソクラテスは無理解なその妻から、水を浴びせられても、ソクラテスはやはりソクラテスであったところが彼の最も尊敬すべき点であると思う。

境遇より逃げんとする心

先に絶対性といい決定といい、因縁《いんねん》と言ったが、また宿命《しゅくめい》と言っても、宿業《しゅくごう》と言ってもよいのである。しかるに私どもの心には、選択を誤ったのであるから、選択をやり直せば幸福がやってくるだろうと思う心がある。この心は過失したという失敗者の心である。絶対性を初めから信ぜず現在にも信ぜぬものであるから、いたずらにやり直しをしたいという念願を有している。運命の開き直しをしようとして離婚したい、親の家に帰りたい逃げたいと思う心が生じてくる。後にいかなる困難が来ようとも、とにかく現境遇から脱したいと思う、どうなるともかまわぬと言うが、実は現在以上の結果を予期しているのである。

かかる間に彷徨《ほうこう》して、夫の家に落ちついておれぬようになる、それは他によきところがあると思うからである。たとえ再婚を思わずとも、これ以上に安楽な生活をなし得る天地があると思うのである。しかるに去ることが許されず、実の親里へ帰ることも許されない時、ついに死する人さえあるのである。私は死なずともよいと思う。死ぬくらいなら、死ぬ心を持ってもっとせねばならぬ大事なことが残っていると思う。

古《いにしえ》の人は死すとも帰るな、帰されても帰るな、死せよとさえ教えられていたのである。今の人にそれほど正直なものはないであろうが、もしあるとしたら、私は退一歩して熟考して欲しいのである。

死ぬほどならば、思いとどまって、離縁してもよい、もし離縁されぬならばその家を去ってもよかろう。ある人にこういう話をしたら、爾来、離れたい去りたいと一層に思った人があったと聞いている。しかし私は、私の信じている通りを言ったのである。しかし、一を聞いて二を聞かねばならぬ。苦しい時には自分の都合のいい部分だけを聞いて、私の話そうとした中心点を聞かれなんだのではなかろうか。私が決定されていることを信ずるといい、絶対性を信ずるというのは、この点である。それが分からずしてはどこまで走っても、ついに同一轍《てつ》たるを免れぬであろう。去らねばならぬ時が来たら来る者は拒まず、忍受して別れるだけになりたい。それも絶対性を信ずるがゆえに受けることができるのである。けれども自分から凡夫の小智で自己の運が分明《あきらか》であるように考えて、去りたい逃れたいと思うのはどうかと思う。母がよく言います、昔から考えていると、初婚に不幸せな人はどうやって見ても不幸せである。もがけばもがくほど不幸せである、私ももがいたけれども結局苦悩を深めて夫にも人にも迷惑をかけたばかりであった。お慈悲を喜ぶようにならねば、どこまで逃げてももがいても駄目である。それはそのはず、逃げても逃げても駄目なればこそ、お慈悲があったのだと、時々切に言っています。

思うなら思ってみるもよい、やるならやってみるもよい。実行してみねば分からぬという人もある、しかし真実に苦を嘗めることを篤《とく》と決心してかからねばならぬのであって、空想を追ってはならぬ。けれども、私の知る人々の中では、境遇を変えて幸福になった人を知らぬが、それは苦を皆置き替えたに過ぎぬのであり、そして不幸を深めたにすぎぬのである。私はいよいよそれらによって宿業決定を信じている者である。

逃げんとする苦悩

境遇を変化したならばと思う心ほど、光明の見える如くにして、しかも反対に自己を苦しめるものはない。別れたければ別れてもよい、再婚したければしてもよいと、自由を主張する人々もできてきた。主張しなくても昔からそうなのだ、昔はただ少し社会周囲の制裁が強かったままでである。けれどもそう容易に言うほどに思うほどに実行できるものではない。しかるに自由を信ずるがゆえに離れてもよい、去ってもよいと思い、去りたい離れたいと念願して、思うだけそれだけ多く苦しむのである。出れば出られる、去れば去られると思って、それが得られぬことはイライラするものである。出ればどうなるかと静思するならば、随分当惑する問題であって、社会はさて何と言うだろう、自分の良心は何と言うだろう、それが本当の取るべき人間の道であろうか、将来ははたしてどうしていくかと仔細にいちいち考えるならば、直ちに行き詰まってしまうのである。そんな打算は一切せぬとしても、はたして去れるであろうか、真剣に考えるならば、切ろうとして初めて、強靭《きょうじん》なる綱によって繋がれてあることを知る。見えざる綱は平常は緩んでいるがゆえにある程度までは自由であるけれども、いよいよといっぱいに引くならば、首は締まるばかりで縄はなかなか切れぬ。こんなはずではないと、のたくるけれども、どうしてもこの綱は強靭にして切れぬのである。去り離れようと苛立つほど、いたずらに苦を嘗《な》めるばかりである。境遇に随順してこれを脱せんと焦慮するものは、常にこの苦を味わわねばならぬ。

満足を求める心

夫は妻によって自己の満足を得んと求め、妻は夫によって己の満足を成就しようと願っている。互いに愛を要請しているが、まず自己が彼の苦衷を洞察して本当に愛したことがあるであろうか。彼を愛していると言うけれども、それは愛されようとして要求しているに止まって、衷心から彼の心深きところを愛しているのではあるまい。結局は他を自己の餌食《えじき》とせんと願っているに過ぎぬのではないか。愛されざるを泣く前に、愛しえぬ心を泣かねばならぬのではないか。

夫が妻によって全分の救いを感じて満たされることもなく、妻が夫によって満たされることもなく、しかく人生は簡単に成立しておらぬのである。互いに他の不足を感じて不満を抱いている心は、また互いの疎隔《そかく》を醸《かも》すばかりであり、自の不愛は他の不愛となる、自の不満は他の不満となって日一日、近寄ろうとするものはいよいよ遠ざかるばかりである。

最後の帰趣

夫婦は互いに宿世の仇敵であるという。それは事実に近い言葉である。けれどもなぜかくのごとき業感《ごうかん》を引き起こすかを深く考えねばならぬ。互いに誤解しているところを探って自己の真相に醒《さ》めるべきである。そして夫は妻によって妻は夫によって満たされ救われるべきでなくして、ともに自己の真相と誤謬とに覚めて、絶対の如来に帰すべきである。すなわちともに助けられつつ、救手《きゅうしゅ》に向かうべく定められているものである。この二人の中に通じ流れて呼び覚ましつつある絶対性に覚めて、この絶対の救手によって初めて救われるべきものである。

相互間の苦を免れ避けんと努めるに先立って、自ら救われるべき唯一の大道を各自に発見せねばならぬのである。互いの間に磨かれ精練されて、自己の誤見に気づき愛すべきを愛し感謝すべきを謝しつつ、自己がこの絶対の慈悲者を信じて第一人者としての救いを得ねばならぬのである。真実の求道に進めさせ救いに接せしめようとして、各自はかかる関係に置かれたものであることを知らねばならぬ。この大道に出でしむべく絶対の慈悲方便は、我と彼をかくのごとく結ばしめたまえることを知るに至って、その人は真の幸福者となるであろう。ここにおいて他の家と思える夫の家に帰らしめたまいしことを会得するに至らん。帰らしめたまえるは、なお一段進んで如来に帰らしめんがためである。真に自己の帰趣するところを得たものは、いたずらに夫にあるいは妻に煩わされるのでなくして、互いに志を道に同じくする友として、心から手を引いて、そこに互いに通ずるところがあり、過大の要請をして苦悶することもなくなるであろう。この辺のことについて今少し詳しく述べたいのであるけれども、今は略する。

第一人者

第一人者としての世界を持つ人は、家庭家族の上に多大の要請をするの要なく、あるがままに、あらわれたる上に、他によって啓発され導かれ、助けられ育てられてあることを見るであろう。夫は夫として第一人者であらねばならぬ。妻は妻として第一人者であらねばならぬ。しからば自己を中心として他の物を見、他の者によって自己が養育されていたことを感謝するに至るであろう。第一人者として生活すべく、絶対の慈悲者によって我はかくのごとく選ばれかくのごとく置かれていたことを思う。結婚ということによって境遇の変化をきたしたことは、一旦の出来事ではなくしてそこに絶対の力の動いていることを味わうに至らねばならぬ。自己を味わい境遇を味わって如来にまでいくところに、周囲の境遇は、これ全く如来の加護方便である。ここに到達せずしては、各自に戦いと呪いと悩みとの永久に絶えることはあるまい。

その理想

親鸞聖人が、その妻を救世観世音《くせかんぜおん》の応現《おうげん》であると見、観世音の本願は、女となり妻となって汝《なんじ》を引導して極楽に生ぜしめようとの御旨《みむね》であった。「一生之間能荘厳《いっしょうしけんのうしょうごん》、臨終引導生極楽《りんじゅういんどうしょうごくらく》」とはその観音の誓願《せいがん》であったと申し伝えている。その妻玉日《たまひ》は聖人をまた観音の化身《けしん》であると信じていられる。かかることは聖人であるからと決まったことではない、それは吾人の理想であらねばならぬ。そう観《かん》じていくのが当然なのであって、自己を第一人者として見ていく人には、是非かくのごとくあらねばならぬこととなる。互いに他をかく見ることができてこそ、他は自分のために重要なものとなる。他の中に仏を見るのである。そして互いに他の愛を味わうことができて、そこに互いに手を取って進むことができるのである。

我らはかく絶対者によって向かわしめられている方向に向かわずして、自己の便宜に従って進もうとしているがために、かえって常に悶《もだ》え悩んでいるのである。我々は結ばれたる因縁によって一大事を開発して、自己の救われる道を求めることを忘れてはならぬ。自己を救うは他を救うこととなる、他の救われたことは同時に自分の喜悦であり幸福である。

人

人その人は菩薩《ぼさつ》であり、観音《かんのん》であり、勢至《せいし》であり、餓鬼《がき》であり、畜生《ちくしょう》であり、阿修羅《あしゅら》であり、地獄であり、同時に人間である。

見よ、その人によって守られ助けられ、しかして我がための永遠の生命の導きであるならば、それは観音菩薩である。親鸞聖人はその妻を観音と眺められ、玉日《たまひ》の君は聖人を観音と信じられた。かく味わえるならば親も妻も皆観音である。たとえ悪人のために虐げられるとも、逆境にあって苦しむとも、それが無上道に進む力となり光となったならば、その悪人その逆境の上に勢至菩薩を拝することができる。

金や財産を望んで苦しみ、家や財貨を貪《むさぼ》って常に念頭を去らず悩まされるならば、その人は有財餓鬼《うざいがき》である。有るという外観のみによって幸不幸を知ることはできぬ。不幸や失敗や貧苦《ひんく》と戦いつつ、常に心中に渇《かつ》の苦を感じつつ苦しみ悩むならば無財《むざい》餓鬼《がき》である。

常に貪りの心を有し、あくまで貪って身を害することを知らず、人に卑しめられ、捨てられ寄せつけられずして、不如意の苦しい心境にあるならばこれ畜生ではないか。人と争闘のみこれ事として、互いに苦しみを受けつつあるものの心は修羅道である。苦を受けること無間《むけん》ならばそれは地獄道であろう。

人間を不定性《ふじょうしょう》という。畜生《ちくしょう》とも餓鬼《がき》とも時には阿修羅《あしゅら》とも地獄とも、また天人《てんにん》とも菩薩《ぼさつ》とも仏ともなり得るからである。苦楽が相半ばしているばかりでなく、上に向かい下に下《くだ》る事においても定まりがない。下っては地獄にも行く素質があり、登っては天人菩薩界に進む素質も備えている。要は一心の開発に存するのである。一心の所置、魂の問題は大切である。本願に帰して如来心を体得して、菩薩的生活に入って、涅槃《ねはん》の一分を味わう生活に進むようにならねばならぬ。浄土は一心専念の上に開けてくるのである。

超世の悲願聞きしより　　我らは生死の凡夫かは
有漏《うろ》の穢心《えしん》は変わらねど　　心は浄土にあそぶなり
（「帖外和讃」）

生活

肉体の生活と、精神の生活とがある。いずれが大切であろうか。いずれも大切である。いずれも大切であるが、命が続いておらねばならぬとか、生きていたいという欲望ばかりのために、単に生命をつないでおらねばならぬというのみでは満足のできるものではない。人間には大事な心があって、この心の満足した生活をひたすらに求めているものである。肉体の生活以上に大切なものは心の生活である。心の生活の満足を得ねば肉体の生活のみの満足では、到底、落ち着いていられるものではない。この意味において肉体の生活よりも心の生活を尊重せねばならぬ。精神の生活の満足はまた肉体の生活の活動力となるのである。

○

肉体生活のみを重んずる人は、精神生活を軽んじてついには自分を殺しつつあるのである。すなわち自己を一つの機械としてしまう。金を得んがためにのみ生活をして、自己を金を作る機械として取り扱っているならば、そこに言うに言われぬ不満足と無意義とを感じて悩むものである。これではならぬこれではつまらぬとの愁歎《しゅうたん》の思いに煩わされて、苦しみを感ずるようになる。

○

商売人が商いをしている時には生活はない、精神生活がない。単に肉体生活の資料を得んとしていることがある。事務家が事務に忙殺されている時、そこに生活はない、ただ仕事があるばかりである。その仕事は何のためであるか、それは精神生活の一部分であろうか。

従業員がその仕事に熱中している時も、すべて精神生活はないのである。その生活はその仕事を終わった時、あるいはその仕事の間隙にその姿を現すものである。その生活が見えた時それをどうするのであるか、それは疎《おろそ》かにしておくべきことではないと思う。こんなことをしていて己れは一体どうするつもりなんだろう。こんなことこれが何のためになるのだろう。つまらぬことじゃと考えたり、親は子は妻はと静かに考えることが始まり、自己の仕事を批判しようとする心が起こる。精神生活はここに始まってくるのである。考えると困るものであるから、見えても見まい見まいとして押し込めておく。内的生活が始まってもすぐと中止してしまう、非常な努力をして、酒でなり遊戯でなり、これを誤魔化して一日一日向こうへ向こうへと送っているものである。けれどもあるものは出ずにおかぬ、始まったものは中止を許さぬから、時とすると頭をもたげてくるのである。

○

名誉のための機械となり、子供のための機械となり、金のための機械となってこの精神生活をしようとする心を殺してしまっては、人間は到底満足のできるものではない。たとえ一時は誤魔化していても、心は完全円満なる精神生活を要求してやまぬものである。

模倣を追求する生活には、自己の精神生活は始まっていないのである。それは迷惑しているだけのものである。

◯

人間としては、是非とも自己の精神生活を持たねばならぬ。精神生活の解決のないことは常に苦悩である。精神生活を培養して、その解決と満足を得て、自己の生活を創造せねばならぬ。解決の一歩一歩より生活を築き上げて生活の建設を始めねばならぬ。人の生活を追わず、人の生活を模倣せず、人は人だという自信の上に立った精神生活をなし、そして肉体生活をも進めるようにせねばならぬ。しからずんば魂の力あり満足ある生活のできる時は永久にないだろう。

対話

「私は先達《せんだつ》て大病にかかりまして、死にかけたのですよ」

「そうですか、その時はどんな気がしました」

「けれども嬉しかったことには、私は案外、平気だったのです。それはいよいよもうだめだと思う前には、病気の苦痛もありましたし、またどうにかして死なないようにと思いましたし、死んではならぬとも思いましたから随分切なくもがきましたけれど、いよいよだめだと決心しましてからは、私はもう平気になりました。つまりどうもがいても仕方がないのでしょう、それで私は素直に自然に随順したのですよ、私はこれに逆らってはならぬと思いましたの、そう決心してからは、欲もなくなりましたよ。あったって仕方がないのですからね、自分の財産や所有のものもそれぞれこれは誰にこれは誰にと、心残りのないように処分して遺言をしました。主人にも頼むべきことは頼んで、自分の亡き後も、主人のためになるべく幸福に暮らしていただくように、そして私が死んだ後は私に代わってお世話する人を、私よりもっと良い方を迎えて、どうぞ幸福に暮らして下さいと遺言もしました」

「本当ですかいな」

「本当ですよ、私も実は平生は主人に関しても、随分嫉《や》かないことでもないのですけれども、私はそう死ぬ時まで未練なことは思いたくありません、本当に嘘《うそ》は言いません、私は案外に諦めよくさっぱりしていたのですよ、そして私は何についても執着なく、非常に心安らかでありました」

「それは結構でしたね」

「どうです、信仰ということはそれで良いのでしょう、欲はなくって、本当ですよ、私は嘘なんか言いやしませんよ」

「私は賛成しておくには手数もかからぬことですから、それでよろしいと言いたいのですけれども、それで安心してはならぬと思います、それはその場合は実際でしたでしょうし、誠に結構でしたが、私はそれでどうだかと思います。誠につまずかすようで悪いですけれども、私はそれであなたの信仰問題、宗教問題が解決したのだとは申されぬと思います。それはその場合にはそうであったので、この次の場合はどんな心が起こってくるかもしれぬと思います」

「けれども実際私は平気に安心していられたのですから」

「私は人間というものは、そう平易に安心できるものではないと思います。自然に随順するといっても単に随順するだけでは、どうしても安心のできない場合があると思います、自然に随順するということでも、もっと裏付けられたものがなければならぬのだと思います。親鸞聖人の信仰、絶対他力の信仰、本願名号《ほんがんみょうごう》の信仰はそのために説かれたのだと思います」

「そうですか、それではまた考えましょう」

「それでは、その問題はひとまず埒明《らちあ》きとしてみれば、それはあなたの当面の問題ではありません。宗教問題としては、今少し切実なる問題がありませんか」

「ありません」

「死の問題が問題とならねば、きっとあなたには、もっと緊要な問題が必ずあると思いますがね……」

「ありますあります、ありました」

「それを一つ承りましょう」

「では言ってしまいましょう、それは先達って今度は主人が大病にかかりまして大変騒動をしたのでした。親類の博士やなどまで呼びまして手当てをしましたが、だんだん危篤になって、一時は人事不省にまで陥ったのでした。あの時ほど私は困ったことはありません、自分の死なんとする時よりも主人の死なんとする時の方が、私には苦しかったのです」

「どうしてです、自分の方が大事じゃありませんか」

「いいえいいえ、自分の死ぬ時は仕方がありませんから、自分が後事を処理して静かに死んでいけばいいのです。けれども主人に死なれて残ってはたまりません……。女というものは男によって生きているものです、これは生活じゃありませんよ、生活することは一生不自由なしに暮らせるくらいのことは私方の財産でそれは充分ですがね、女としては、主人を助けて家を持ちこれを処理していくところに、生存の意義を認めて生きているのです。それが主人に死なれて残るとしますと、一人寂しく無意義になってしまうのです、何を張り合いに、何の意義を認めて生きていきますか、主人は世界に対して有意義な生活をしていることによって、女はそれを助けていくところに男によって生活の意義を認めているものですから、死なれては本当に困るじゃありませんか、そうでしょう」

「ごもっともです、どうやらその方があなたとしての、そして現在の主要な宗教問題であるらしいですね」

「そうでしょうね」

「ですから、あなたは主人によって生きていくというようなことではならぬと思います。自分が一人者《いちにんしゃ》の世界をもってその天地に生きていけるようにならねばならぬではありませんか」

「そうです」

「つまり主人によらずして、主人が死んでもなお生き甲斐があって、有意義として生きていけるものとならねばならぬのでしょう、つまり主人が死んでもかまわぬという世界をもってそこに生きてゆかねばならぬのでしょう。主人としても、あなたが死んでは困る、あなたに死なれては堪《たま》らぬと、負《お》ぶしかかられるものがあっては、かえって迷惑至極なこととなるでしょう」

「そうですね……」

「元来主人の生活や事業が本当に世界のために、有意義なのかどうだか分からぬのですからね。第一主人によく伺ってみねばならぬことですし、またたとえ、主人がそうだと言ったとしても、はたしてそれが有意義な事なんかどうだかそれも余程問題ですからね。主人の事業を有意義だと思っていて、そしてそれがそうでなかったら、自分も無意義になるなんて、共倒れですよ、ですから、ここまで来ると、人間というものは男は男、女は女、各自各自《めいめい》の世界を有して、自分一人として有意義な人生生活を持たねばならぬことと思います、またたとえ主人が有意義だと言われても、それが本当に有意義なのかどうだか。それもなお考究を要する問題でありますからね……。今後はこの問題についていつかまたゆっくり語り合いましょう」

病床の人々へ

夏の夜は更けて、時計は今四時を打っています。真に寂静《じゃくじょう》であって外界は何の音もなく静かな夜であります、時々遠くに汽車の音がひとり響いているばかりであります。

性羸弱《せいるいじゃく》なる私は、生来《しょうらい》健康という味を知らぬといってもいいくらいであります。したがって病気は常に私の心身を悩ましております。現今でも病弱であります。医者に訴えると、どうせ蒲柳性《ほりゅうせい》だから一生そんなもんだと言って取り合ってもらえぬのです。どこが大病といってなくても全体がどことといっていいところはないということです。一生絶えずこうしてこんな体を引きずっていくのかと思うと情けなくなります。したがって病床に悩む人々の上に同情する心が強く起こってくるのであります。今も疲れた身と心とを持しつつ、静かな夜を味わいながら、一旦、病める人々の上に思い及ぶとこのまま眠りにつくことができなくなって、ともかく、どんなことが書けるか、たとえ思うことの一部分なりと列《つら》ねてみようと、病床の人々の上を念じつつ筆をとっています。そしてこれをその枕頭《ちんとう》に献ぜんと欲します。

○

病というものは吾人から自由を奪います。それが病人の最も苦とするところでありましょう。平生においても満足の出来ぬ心を抱いて、自由を自由をと自由を望みつつ、自由が得られないで悩んでいる人間に、病というものはなお一段の自由を奪います。であるから病人としてはたまったものではありません。泣くにも泣けぬ思いに悩みます。それで病気を去ろうと努めます、一心に病気の去ることを念じて、これに対してできるだけの方法をとります。切なる要求でありますから一日も早く治するようにと方法を講じます。すべての事を投げ捨てて一日も早く早くと念願してやみませぬ。ところが予定のごとく短時日で全快すれば問題はないのですが、予定のごとくにゆかぬところに病人としての悩みがあります。もがけばもがくほど苦しくなります。腹も立ちやすく、看護の不足もかこちます、人の不親切をも恨みます、自分の運命をも呪います、ついには医者をも薬をも信じられなくなります。そしてそれらの一々がみな自分を苦しめる道具となって、それがために良くなるということは決してないのでありますす。そして考えます、かかる苦悩の起こり来るのは要するに病というものがあるから起こるのである、何でも早く病を去らしめねばならぬ、病を取り去りさえすれば自分の苦はなくなるのであるからと思います。至極もっともなことでありますが、焦ればば焦るほど苦しくなり、そして病のためにも決してよろしくないのであります。本来病気の多くは、一時に起こってくるのではなくして年来の間に、病まねばならぬような原因を次第次第に築いてきたのであると思います。してみると快復ということを急いだり予定を作るということは無理なことであります。

○

原因はどうであろうと、この現在の病という結果は一時に思うように行くものではありませぬ。人間の自由にならぬことであるだけに、思うようにしたいと思えばなおさら苦しくなる。病気で苦しむのは平生の健康時のあらゆる苦しみ以上のものであります。それゆえ釈尊も「生老病死《しょうろうびょうし》」と言って人間苦の一つとして数えていられるのです。

○

要するにどうもがいても焦ってもどうも仕方がない、除去することができぬとすれば、退いておもむろに静観せねばなりませぬ。退一歩《たいいっぽ》のできぬ間は、苦悩は激烈になるばかりであります。退いて病気を観ずることをせねばなりません。そして病そのものによって苦しむことをなるべくせぬようにならねばなりませぬ。病が去らねば苦しみは去らぬとは限りませぬ。病が去っても人間の苦しみはある。病に少しでも苦しまぬようになれば心に苦しみが少なくなるわけであります。仏の教えはその点でありす。物と事とを除去して我が苦を免れようとするのは常人の常でありますが除去することができるものとできぬものとがあります。できぬ時はこれに対する自分の心ひとつを何とかせねばならぬのである。心が変化すれば苦は無くなるかあるいは少なくとも減少するのである。仏はそのことを教えて下さっているのであります。

○

病と戦って勝つことができねば、負けることであります。いかに嫌いでも負けるということより救われる方法はありませぬ。それは自分が弱いからであります、それが自然であります。自然に順《したが》うところに一分の苦しみは救われます。病に随順することは病人の忘れてはならぬ一要件であります。

○

病を敵とせぬことであります。病を友とすることです。病を友として仲良く連れ添っていく心持ちになることです。蛇蝎《だかつ》視《し》せぬことであります。病と遊ぶ心地で悠々とすることが大切であります。

○

悲観せぬようにせねばなりませぬ。もちろん悲観は病のつきものであります。健康であってさえも人間は悲観するようにできているのですから、病の時に悲観するのはもっともなことでありますけれども、意外に強く悲観するようになるものですから注意せねばなりません。白隠禅師《はくいんぜんじ》の「保生《ほせい》の要《よう》は気を養うにあり、気尽くれば身死す、民《たみ》衰《おとろ》うれば国亡《ほろ》ぶるが如し」と戒《いまし》められたのは実に忘るべからざることであります。白隠禅師が、愛弟子の病僧に遣わされた書中には「今こそよき時と思え」と教えられてあります。

○

病気のものに誰も働けよとは言いませぬ、食事をはじめとして他の雑多の用事まで人が助けてしてくれます。自分のなすべき仕事は病を養うということであって、同時に精神を養うということであります。しかるを病人はこれを逆に考えます。早く働かねばならぬと思い、健康時には考えなかったことや、捨ておいたことや、忘れていたことまでを病中には引きずりだして焦ります。

病人となっては、病道というものがあると思います。病人としては何を思い、いかにすべきが道であるかを考えねばなりませぬ。健康時には健康者としての道があり、病人としては病道を踏み行かねばならぬことであります。それがとかく履き違えやすいのであります。

○

平生はさほどのこともせずに平気でいて、病気になるともったいないとか済まぬとか思う心が強くなります。病人となっては他の厚意と親切をありがたく頂戴《ちょうだい》することを忘れてはなりません。いたずらに気の毒がったり、義理や、恩義を苦にしたりするのはその道ではありますまい。健康になれば感謝して報恩すればよろしい。健康時は他に与えるときでありましょう、身労と心労とのすべてを与える時であり、病める時は与えられるものを喜んで受ける時であります。受けることのできない人は、与え

○

た者の厚意を無視しているのであります。苦を減ぜしめようとして与えてくれたものを、重荷として苦しむことが何で美徳でありましょう。平生《へいぜい》の謙譲は病中には罪悪であります。素直に受けて十分に味わい大いに喜ぶことであります。受けることを学ばねばなりませぬ。

○

病は心を煉《ね》るには良い方便《たより》であります。苦しむ時、いかに冷静にその備えのなかったかを知らねばなりませぬ、平生からの覚悟を反省覚醒せねばなりませぬ。病は人生というものを真実に味わわさせる智識であります。自己の力の範囲というものを自覚させます。道を求めることとなります。平生《へいぜい》の浮調子《うわちょうし》の危うかりし我を知らしめます。病は一方自分の魂と接近させます。同情、愛、感謝、種々な、やさしい我が魂を知らせます。しかしてもっと深い人生、もっと深い我が身について教え導いてくれます。人間を真摯《しんし》にしてくれると思います。少なくとも静観熟慮ということを教えねばやみませぬ。ある医者が、お互いに弱いがこの弱い神経衰弱があればこそ、終生酔えるがごとき我、また悩みから救われることなくして過ぎようとする我が魂を覚まして、仏に行かしめてくれたのである。病気もまた尊いと思うと喜んでいられたことがあります。

○

健康であるばかりが人のためになっていて、病気になったことが必ずしも人のためにならぬのでしょうか。一応はさように思われますけれども、あるいは他のためになっているかもしれぬのであります。私は往々他の上にその事実を目撃することがあります。といって他に迷惑を現にかけていて威張っているべきことでは無論ありませんけれども、あながちに悲観したり気兼ねをして我が心を苦しめたりするには勝ります。また事実そうなのであろうと信じます。ただ自分としては病人としての道を静観して進むべきであります。如来を信じ如来の洪恩《こうおん》を感謝しておればよろしいのであって、いらざる小さき道義心など起こしていたずらに苦しむごときは、如来を信ぜざる愚かなことであります。

快復は待つべきものであります。戦って征服しようとすべきものではありませぬ。自力の不如意を確信すれば、能《あた》うだけ尽くすべきを尽くして、静かに精神を養い道を観じつつ、静かに如来に任せてその時を待つべきであります。自己を省みて仏を念じて、一切を如来に任せて一向に待つがよろしい。静かに精神を養い、如来を念じて、任せて待つ、これが病人の道であります。

自分のとるべき道さえとるならば、他のことについては、考慮憂察することはいらないことであります。他の者のためにも、ちょうど良くなっているに相違ないのでありま す。如来を信ずるものは、かく信ずることができるはずであります。自他の上に平等に照護したまう大慈悲の光のましますがゆえであります。

○

病人のみならず、病人を看護する人々も同じくかく信ずべきであります。不幸であるとばかりかこちて病人を呪うべきではありません。病人ができたということは自分たちにとって大いに意味があることであります。このことによって大いに精神を修練されなくてはならぬのであります。病を去らしめんとし、その去るを願い煩うに先立って、この事を静観して、味わわねばならぬことであります。如来を信ずるものは、一々の事件の上に如来の善巧方便《ぜんぎょうほうべん》を味わい、その照護の大慈悲を信ずべきでありま す。もしそれを味わうことができぬとすれば、不幸はいよいよ不幸を深めるのみであって、病人と他の者、他の者と病人は、互いに相助けていよいよ憂愁苦悩を増大していきます。そして病を深め、また互いの苦しみを深めていくこととなります。

病床の人々へ（再び）

健康になったらどんな働きでも苦とせずに行こう、決して小言は言うまいと、つくづく思います。病に勝る苦しみはないからと、ひたすらに思います。それほど病中の心は切なく苦しいものであります。そして来る日も来る日もじっと病苦と睨《にら》み合っておらねばならぬので、ついには癇癪《かんしゃく》も起こるわけです。けれどもどうしたとしても敵は去りませぬ。病は思うようにならぬものであります。けれども病人としては、この乱麻のようになる心を調えることを怠ってはなりませぬ。狂う心の駒を調御《ちょうぎょ》することが薬以上に最も大切なことであって、それが病人の力で、心でできる大事な仕事であります。これのみは医者や他人の手ではできぬことでありまして、自分のせねばならぬ大切な病中の仕事であります。それはなかなか難しいことのようですけれども、敵を内部より防ぐ唯一の方法であります。多病な私は病気になると、日々この精神の調え方、気の立て直しに忙しいのであります。そしてそのことは現実に自分をその時々に救いつつ、自分を慰めることをひそかに喜ぶことであります。

○

病は一朝一夕《いっせき》に取り除くことのできぬものであるから、それは仕方がないとしても、病を心配しようとしまいと、それは自分の勝手であります。病を苦にしようとしまいとそれはこちらの勝手であります。この点は自分の心の持ち方一つでできることであります。これのみは人間の自由であります。

病苦で苦しい上に、病を苦にすることによって、いよいよ精神が参ってしまうのです。人間は気で生きているのですから、病を楽しむとはゆかずとも、苦にしないまでに常に怠らず心気を養わねばなりませぬ。

貧乏の中にも大いに得るところがあるように、病の中にあっても随分得るところがあります。何ものをも得ずして、単に苦しむのみとするならば、それはいよいよもってたまらぬこととなります。

○

病める人にとって、苦悩の種類は異なることであるのはいうまでもありませぬ。主人としての病は、自分の衣食や養病の資を憂えるのみでなく、妻子の衣食住の資料について憂うることでありましょう。けれどもこれは自分において相応の処置をしていくべきであります。現在生活の地位状態を変化しまいとか、落とすまいと思うことが余程精神を苦しめるものであります。けれどもそれもやむを得ずんば落としてゆけばいいのです。落としていくより他に道はないではありませんか。最後はそこであります。落ちまい落ちまいとするところにこそ苦悩は起こる。それは不自然であり無理であります。どこまでも落ちてゆくがよい、物乞いまでなりとも、絶食までなりとも、それは無論覚悟せねばならぬことであります。名誉も落ちるであろうし利益もなくなるであろうが、落ちるところまでは落ちていこうと決心せねばならぬのであります。身分が落ちるばかりでなく、命までも落ちていかねばならぬかもしれぬのであります。逃げようとするところに、いよいよ苦は深くなってゆくものであります。逃げたいのは無論のことですが、逃げられぬことを逃げようとするのは無理です。この無理なことが、いよいよ自分を苦しくするのです。無理を企てずして素直にそのことに従うべきであります。すなわち苦を苦として憐れんでいて下さる如来の慈悲力を信じれば足りるのです。我についても他のものについても、照護を垂れたまう如来を信じたのむべきであります。苦しいけれども落ちていくところ、そこにも如来の御光《みひかり》がさしているのです。自分の計画は全て破れるべきものであって、如来の計画のみは誤たれざる力であります。

いかなる程度まで自分のためにすべきか。いかなる程度まで妻子のためにすべきか。自己の死までか、彼らの死までか、その程度は吾人の自由であります。

○

女としての病床には、男子の知らざる苦悩の多いことであろうと思います。前に述べた苦悩の外《ほか》に、棄てられはしないかの恐れがあります。女は愛のみを尊重しているだけに、愛が冷めて省みられぬにいたりはせぬかを案ずることでありましょう。けれども、疑うことによって愛はつながれるものではなく、信ずることによってのみ継《つな》がるものであることを忘れては、それは寂しい限りであります。愛を自分でつないでいると思うゆえに案ぜられるのであります。苦慮することによって病がよくなるのでもなく、それによって愛が繋《つな》がれていくのでもありません。愛もまた自由になるものではなくして、ただ棄てられるか否かは如来の愛に任せて安住すべきであります。去就ともに因縁であります。既に因縁といいます、また吾人の意によって自由になるものではありません。ただ如来に任せ如来の慈悲力に随順すべきであります。自由にならぬものを自由にしようとするところに悩みは絶えぬのでありまして、いよいよ寂しさを味わわねばならぬのであります。

◯

久しく病むでは、誰でも死の影を遥かにかあるいは近く眺めて苦しむものであります。誰かそれに対して戦《おのの》かぬものがありましょう。

それから遠くに逃げんとする時、いよいよ死の恐怖に悩まされねばならぬこととなります。逃げようとすればとて、はたして一日半日を延ばしうるでしょうか。彼の来たらんとする時は用捨せぬのであります。遠くに望んだ敵《てき》はなんぞ知らん近く横合より、襲うかも測られぬのであります。大丈夫と楽観して大胆を装っていても、それはいたずらであって、やがては一層恐怖を感ずるに至るのであります。早く死にたいと願えばとて半日を早くすることも不可能であると同一で、いずれも我が自由にならぬものであります。ただいたずらに恐怖の苦痛を嘗めるばかりであります。これについては、生死ともに如来の掌中に託して、ひとえにその救済を感謝すべきであります。生と死と一に命《めい》のままに絶対の慈悲に反逆せぬこと、すなわち帰命信順《きみょうしんじゅん》することによって、平安と安住の天地はうることであります。

生活難

初めのうちはさほどでもなかった生活難の声が、だんだん大きくなってついに破裂した。外界が物騒であるとのみ思っていた私の心は、不安の念に駆られて悲泣を感ずるようになってきた。どうぞ人心が一日も早く沈静に帰して、自分も人も安き心に住するようになりたいと一向に念じている。

◯

米の問題から勃発したのではあるけれども、人々はその前々から生活難に迫られていたのである。耐《こら》え耐えてここまできた悲痛の念が、たまたまこのことから破れ出たのであろう。人々はなるべくは平安に生きていきたいために、できるだけ耐えてきたのであろうと思うと、共に泣きたくなる。

人は刻々に溜まってくる涙の袋を抱いて辛抱しているのである。その袋がだんだん張りこずんでくると、袋の皮がだんだん薄くなって破れそうになる。その涙の破裂を防ぐことに勉めていたのである。悲しむべく憐れむべき人心《ひとごころ》である。

○

恒産《こうさん》なければ恒心《こうしん》なしという。道義心もある程度までのものではないか。ひとたび破れれば今まで覆い隠していた悪心までを暴露し発揮する。私はこの忌むべき出来事の中に偽るべからざる人間悪性の発露を見ると同時に、自分の内心にも同様のものの潜在、否《いな》顕在していることを明らかに見るようになる、危険ではないか。

○

生活問題、それは富める者にその真相は分からぬ。一家の者が食うくらいはさほどのことではなかろうと思うかもしれぬ、それは往々聞くところの声である。

◯

昔、有名なかの加島屋《かじまや》の隠居さんであった老婦人が、毎日出入りする大工が食うに困ると毎度話していたのを聞いて、ある日、そばの下女に「大工が困る困ると言うけれども、あれでも百両ぐらいは持っているだろうなあ」といったということである。

何事も実験者でなければその真相は分からぬものである。富豪に本当の同情心などのないのはもっともである。かつて貧困の経験があったものでも富裕になると、同情心はだんだん薄くなるものである。

◯

米が高い、物価が暴騰したといっても、昔のように都大道《みやこだいどう》に餓死した屍《しかばね》が横たわること幾万と注するようなことはないであろう。

今の窮民と称せられる人でも、おそらくその日その日は食事をしているであろうが、その日稼ぎの人達の内には今日食うものがないのもあろう。それらは何とかして救いたいものである。

○

たとい明日食う米がなくても、何らかの見込みがあるならば、人の心は静かに安んずることができよう。されど生活上の諸方面から襲われるのみで、心が常に不安であるならば前途に対しての安心がない、すなわち前方は暗黒である、光がなくなるのである。

○

人間はあくまでも生を愛してやまぬ、どんな方法に変えても生を安全に維持しようとするものである。その念が盛んになればなるほど、前途の不安は反射的に現在の心を苦しめるものである。

○

人間は常に未来によって生きているものである。明日の糧があってこそ今日の安心がある。来月の安心によって今月の安心を得て、その上にその日その日の生活を営んでいるものである。前途に安心がなければ決して現在の安心はない。二十年三十年の先のためにいかに人々の努力していることよ。

日々の事々に生活難につつかれつつ、前途に安住の天地を持たぬ心は、ついには堪《たま》らなくなる。人心の動乱は免れぬことである。

私は、今や人心の奥に潜めるこの悲痛なる魂について悲しむ。この心をどうするか。

○

為政者や経世家によって、外来的な生活難の諸問題の調節され救済されることを心から希《こいねが》っている。けれどもこの傷つき荒《すさ》める心を捨ておくことはできぬ。

○

食えていても生活難の苦痛はある、生の欲求の激しくなるほど生活難は激しくなる。周囲の圧迫は前途に対する念を不安ならしむる。それゆえ生活難は物質の多少のみによって来襲するのではなく、精神上の不安からくることを閑却《かんきゃく》してはならぬ。すなわち人心思想の問題について意を注がねばならぬ。生活難はますます年とともに加わって止《や》まぬであろう。それについて一層人心に思念の余裕をあらしめたいと思う。

少なくとも余裕のつきうる人々からでも、共々にこの点について考えていきたい。宗教というも畢竟《ひっきょう》それに他《ほか》ならぬ。

一人の世界

私は常に何物かを求め、何物かを追っている。そしてこの空粗なる心を満たそうとしている。人を追っている、友を恋うている、名を追い物質を求めている、そしてこの寂しい心を満たそうとする。全ての事が皆この寂しさを慰せんとすることから出ていることを見る。

何物かによらねばこの寂しさを慰することはできぬ、止まるも出づるもそのためである。そして何物かによって慰せられつつ、またたちまちに寂しさを感ずるのである。家庭団欒《だんらん》の中《うち》に止まってそれを忘れんとする。友と語ってそれを慰めんとしている。この心を慰せんがためにいかに努力していることよと思う。けれども家庭もこの心を満たすに足らず、しばらくにしてやがてまた寂しさを醸すようになる。友を慕う、けれどもやはり寂しさは慰せられぬ。人によるか物質《もの》によるか、いずれかによって免れようと努力しつつも常に失敗を続けて、ついにその心が種々な方面に自分を追い回していることに気づく時、いよいよ寂しからざるを得ぬ。畢竟は物や人を追う心は永久にこの寂しさを慰するものではない。しかるにそれを知りつつもやはり追求して、一時的の慰安をさえ望むようになるのである。

寂しさに追われて、物や人を求める心はいよいよ寂しくなるばかりである。「求めて得ざる苦しみ」の連続に過ぎない。物を求めている間は常にこの苦しみを嘗《な》めねばならぬ。他に求め、他によって不安を去らんとし、安住を求める心は寂しい心である。よるべからざるものによりかかっていってはならぬ。けれども何物かによらねばこの心のやり場のないほどに切ない心である。かく切ない心はまたよりかかっていく、かくて時を重ね、日を重ねて進み進んでいる、なんと悲惨《みじめ》な姿ではないかと思う。

最近に私はあることによって、非常なる寂しさに迫られたのである。たまたまそのことによって、依らんとしているすべてのことから放たれて、孤独の世界に入った。真に我一人《われいちにん》の世界の人となって、心はたまらぬ悩みである。けれどもそれは真実なる世界であって致し方のないことである。

我一人の世界、それは寂しいけれども否《いな》むことのできぬことである。常には、一人の世界に耐えやらずして、それを免れようとして、二人の世界、三人の世界、多人数の世界に住せんと努めているのである。それは不可能な要求であった。寂しいけれども本来の我が世界、一人の世界においてこそ、絶対の如来心を感得することができるのである。真の絶対帰命《きみょう》の念が起こるのである。ああ我は本来独りなのだ、何物をもたのむべきものではなかったのだ、ああ一人だ、一人の世界に住むべきものであった。ここに至って初めて心からなる念仏の世界に入ることができる。念仏によって初めて寂静《じゃくじょう》味《み》を味わうことができる。寂寥ではない寂静の世界である。人に依らず物に依らざる静かなる安住、一人にしてしかも静かなる賑やかさである。ああ、私は久しくこの境に疎遠であった。如来によっての賑やかさであると思惟する心、それは人に依り、物に依っての賑やかさであったのだ。安住というも同じく物により人に依れる安住であった。人に依れる賑やかさと物に依れる安住とは、たとえそれが如来に依れるものと似通うところがあっても、衷心には偽るべからざる寂しさと不安とを抑えることができぬ。やはり人を追い物を求める心を盛んならしめるものである。

ああ、常にかくのごとく寂しくあれ、力ある寂しさよ。大方の我が安住と力とは、絶対界に住することを妨げるものであるからである。

強からんと勉めつつ、常に弱き弱き心を包める我は、すべてから遠ざかられ捨てられてこそ、真なるひとりぼっちとして、独自の力強い世界に住することができる。この力強い心、これは私の懐かしい大事な心である。厳然として如来を仰ぎ、我が生命として称名に力をうる世界である。

寂しさを免れんとしての我が姿は痛ましく、しかしてこの寂しからざる静けさは、我が憧憬せざるを得ぬ心境である。

私は　一

私は絶えずいろいろのことについて考える。いろいろの事について考えていると、それがどれもこれも皆な苦しみの矢となって私の胸を衝《つ》いてくる。あたかも百千の苦しみの集まりが、私というものであるかとさえ思う。「人生は苦なり」と断言された釈尊の御言葉の、真であることを肯《がえ》んぜぬ訳にいかぬ。一層のこと何も一切考えずに進むことができるなら、それこそ一番安楽な道であるに違いない。聖人が、

よしあしの文字《もんじ》をもしらぬひとはみな　まことのこころなりけるを
善悪《ぜんまく》の字しりがおは　おおそらごとのかたちなり（『正像末和讃』聖典五一一頁）

と叫ばれたのは真《まこと》にもっともなことであると思う。だから人々は、教えられずして、つねにその方法を取ろうとしている。私にあっても、知らず知らずのうちにその方法を講じていることがある。けれども顔面に二つの眼《まなこ》が光っているように、心の眼も

まったく閉じ切ることができず、一切を見ず考えないとする後から、そっと細目にでも開いて見ることを止めることができないのである。楽天にもなりきれず、盲目にもなりきれず、やはり考えずにはいられず、見ずにはいられぬのである。けれどもそれが人間であり人間としてのもがきである。救いを求めるということは、ここからの必然の要求である。いろいろの問題について眼を開いてみたり閉じたりして、いよいよ混乱してどうすればいいのか分からなくなって、ただ何ともいえぬ苦しみとなり、どうしていいのか分からなくなって、腹が立って怒鳴《どな》ったり、悲観して儚《はかな》んだり、または心を慰めて立ち上がったり、勇を鼓して進んだりする。いよいよ進んで、いよいよ混乱となり、迷惑するばかりである。

私はこういう苦しみをいろいろのことについて感じ、時には心が乱れて狂おしくなることがある。仏が私どもの生活を狂態であるといわれたことを、自分の上に見ることができる。苦しそうにすることは、外見も悪くそれはなおさら自分を苦しくすることであるから、極めて静かになるべく平和を装っているけれども、心は常に苦しみにもがき、苦しみにさいなまれているのである。

二

家庭生活の上において、私は親というものについて多く考えさせられる。私の親は弱々しい私を、三十余年の間私を離れず私を護ってきてくれたのである。そして現在においてもなお、半日たりとも閑却なく私のために（彼は彼自身のためにしていることもあろう。また私以外の者のためにもしているであろう。けれども今私の感じているのは、そんな詮索を要しない、ただ私のためとして感じているほかに何物をも考えられない）私のために働いてくれている。その愛が私に映じているのである。私は親を愛するといえば適切でないかもしれぬが、やはりそうである。気の毒にと思い、いとしいと思い、可愛いと思う。時には過去の彼らの一生を顧みて可憐《あわれ》にも思う。その間にあって私のために尽くし注いでくれたことを回想すると報恩の心が起こる。けれども私の報恩心には多くの打算が入っている。恩を報ぜんとするような心は、純なものではなくして他人がましき考えである。実はただ可愛いとか、気の毒とかいとしいといった方が、真実に近い心のありさまである。つまり彼の苦しみが私自身の苦しみとなって感じられてくるのである。それゆえ彼らから彼らの苦しみを除去して、安楽にあらしめたいと希求するばかりである。こんな思いは誰にもあることと信ずる。

さて彼をして苦しみなく安楽にあらしめんとするにはどうすればよいのか。

三

事実の問題となり、実際の方法となると、この難関が千態万様にあらわれてくる。「どうすればよいのか」これがはなはだ困った問題である。どう困るのであるか、それは決して一言にいえるものではない。心で思うことはできやすいが、何事でも実際問題となると至極困るものである。

第一、衣食住の問題について心配のないようにすればよい。ぜひそうしたいと願う。けれども私は、貧であるがためにそれができぬ。ある友から汝は貧乏というが、そう貧乏ではないではないかといわれた。いわれてみるとそうだと思う。世にはその日の食に困っている人がいる、明日の生活に悩んでいる人もいる。それから見れば私は贅沢であるともいえよう。けれども今親について考える時、やはり私は自分を貧乏と思わざるを得ないのである。こう考えるとき私は金が欲しいと思う。巨万でなくとも、衣食住の安心をうるだけをと切に思う。それほど金が欲しいのならば、金を獲《う》る道を講ずればよいではないか。けれどもその方向にのみ向かって私を投げ出していくということは、私にはどうしてもできないことである。今後は知らず、少なくとも今の私の取るべき道ではないと信じている。彼らもまた、私が真の道でないことをしてまでその方向に進むことを喜ばぬのである。そうでありながら、衣食住の日常生活に不安と苦痛と不満足とを感じて苦しんでいることは事実である。されば彼らを安楽にすることはできぬこととなって、彼らの苦しみは依然として残っているのである。そしてその苦しみを見、その苦しみを感ずることは、私の苦しみとなって、すなわち彼と我とは一体の苦しみとなってくるのである。ついには「当分は仕方がない、そのうちには楽にしよう」と不可能のために問題を将来に繰り延ばして、しばしの我が心やりをすることがある。あるいは世の多くの人の中には、これと同じ考えをしておく人も少なくないであろう。思うがごとく幾年かの後に、よしや多少は過去と比較して安楽にしたとしても、それがいかほど彼らの苦を除き、いかほど安泰にしただろうかと考えるならば、五十歩百歩であって大した変化はないのである。まあこれくらいなら喜んでもらわねばならぬのじゃと、満足を強いようとさえする。けれども、彼らが何と言おうとも、私自身の心において、満たされたものを感ずることができなければ、問題は依然として残っているのであって、そこに絶えざる私のもがきと苦しみとがあるのである。

四

第二に、そうであれば物質はともあれ、心の安まるように、物質以外の物でもと思う。物質で苦しんでいるものに、物質以外のものをもってということは不合理なことである。けれども彼らの苦とするところは、単に物質のみによって満たされるのではなく、他のものをも要求して苦しんでいることは確かである。

親の意志に随順していくこと、これも一つの方法であろう。けれどもそれができるかというと、これがまた至極難事である。はいはいと何事でも親のいう通り、望む通りに順《したが》っていくことが、必ず親の苦を無くすることであり、親を安楽ならしめる道であろうか。それが普通の道でなく、一家のためにならず、また私自身を破壊する道であるとするならば、私の破壊は彼らの苦となるのである。実際はそれがそうでないかもしれぬのであり、また自分の一身及び一家は破壊されてもよいではないかとも思う。けれども、あきらかにそう見え、かつ感じられる不可なる方法にしたがうことはできぬことである。

また、親と子とがすでに別個体であり、顔が違うように、また年が違うように、別々の心を有している限り、我慢心や我情心が強いがために、従順するどころではなく、かえって反逆していく心が起こり、優しい言葉さえも用いることができず、奉仕することのできぬ心がある。この心のために、さなきだに、苦慮多き老いたる彼らを悩ますことを思えば、我が罪を感ぜざるを得ぬ。浅ましい自分、意志の弱い自分、わがままと我欲に盛んな自我を呪わしく思う。それがため遂に愛が変じて呪いとなることさえある。それは単なる恨みや呪いではなく、愛の不完成から来た呪いと恨みである。自分に成すべきことができて、安楽に生活がさせられるならば、誰だとて親を呪い親なかりせばなどと、恐ろしい心を起こすものはあるまい。しかもあくまでも我を愛し、我に反抗せず、許し、護り、憑《たよ》りつつある親においてをやである。あまりに思うがゆえに苦しくなり、あまりに思うようにならぬがため、ついに自分が苦しくなるからである。

第三に、せめては親自身が、その心において苦しみを感ぜぬものになってくれるようにと、念ぜざるをえぬようになる。生活について憂い苦しむと否《いな》とは、彼自身の一心によってどうともなることであるから、生活の問題については一切悩まぬようになってほしいと願う。

けれども、修養ということ、信念ということは彼ら自身の精神上のことであっていかに尽くしても、私の手の届かないところである。ここにもまた不可能の苦悩がある。しかも老いたる彼らは、老いの苦しみを苦く味わいつつ、人生の廃残者として、やがて病床に悩み、かつ死にゆくのであると思えば、私は老いたる彼らを見つつ、彼らの一生を計算して考えざるを得ないようになる。六十年七十年の艱苦《かんく》をへて、単に私に一生を捧げて、その一生を反古にして、あえなく去らんとする彼らを思うとき、一種言うべからざる痛苦を感ずる。一生愛せられたる我が真に愛すべき彼らを、永久に決別せねばならぬのか、私はいつも真摯《まじめ》に考えてここに到るとき、私は真にどうしようかと思う。

彼らにあっては、相応に決心して覚悟するところがあるのかもしれぬ。それは実は私の窺い知ることのできぬことである。されど往々人間らしいもがきと悩みの影を見るとき、私は苦しまざるを得ぬのであり、憂えざるを得ぬのである。

人はよく、仕方がないではないかという。けれども仕方がないからといって、真に愛する者に対して、そのままでは我が胸の安まるものではない。あるいは彼らが死んでしまえば、一月や半季は悲しみ嘆いても、ついにはけろりと忘れて、落し物をしたほどにも悔やまぬかもしれぬが、それはその時のことであって、現在の私のことではない。けろりと忘れたり、忘れるように努力したり、たまたま思い出しても、年忌仏事を営んで帳消しにしたりすることは思っても嫌なことである。

五

親の肉体苦と精神苦とは、ともに私の心の苦しみである、それが一つとして救えぬということは思えば思うほど私の苦である、愛すべきものを愛し尽くせぬことは苦しみである。けれども親の一生を反古にしても、もし私のなすことによって、真にそれが彼らをまったく犠牲にして、なおかつ満足しうるほどの代償的の事があるならば、その一事をもって親も正《まさ》に満足すべきであろう。けれどもそれほどの真実なる大事業が、この人生のいずこにありうるか。またそう信じうる一大事を汝は有するかと真摯《まじめ》に考えるならば、はたしてそう信じうるほどの事があり得るだろうか。他人はいかにいうとも、私自身において内省する時、どこにそんな一事があるか。私はどうすればいいのだろう。何物を犠牲にしてもなおかつ悔いるに足らぬことが欲しいのである。

私は真にどうすればいいのだろう。

こう考えれば考えるほど、私はいよいよ苦しむのみであって、こう考えきたるとき私は、どうしても私自身の救いを求めざるを得ぬようになるのである。

私が如来を信ずるというのも、救いを求めるというのも、かかる内容をもった要求の結果である。私は助からねばおれぬのである。

何物をもっても救い得ぬことが私の苦しみである。彼が苦しみつつ、救われずにある間は私は救われぬ。それゆえ、私の救いは私自身の救いであるとともに、彼の救いであらねばならぬのである。如来の誓いとして「我汝を救う」ということは、私を救うということの内に彼らを救うということが含まれてあらねばならぬのである。

浄土真宗を案ずるに、二種の回向《えこう》あり。一つには往相《おうそう》、二つには還相《げんそう》なり。

（「教巻」聖典一五二頁）

とある。如来の救いの慈悲には私の救いの中に他を救うことが含まれてある救いである。その救いであればこそ、現在の私はその如来の救済の本願を信ずる一つによって満足され現に救いを受けつつ、この胸は初めて安穏をうるのである。私はかかる救いを念ずることによって、親を思い自己を省みてしかも静かに胸をなでて過ごすことができるのである。私が先立って死んでも、私は如来を信ずることによって、死んでゆくことができる。たとえまた先立って彼らに死なれても、いつかは彼らを救いうることを信じて、いかに切なく別離を苦しむことありとも、私はこれを堪え忍ぶことができるのである。

六

いかにして彼らを救うべきかに悩んで、ついには自分が救われ助からねばならぬことに帰した。されば、いかにして彼を救うべきかにあらずして、かえっていかにして自分が救われるべきかが問題であったのである。げに私の救われるべきことは私の畢《ひっ》生《せい》の大問題であり、大事業であった。全体は一であり一は全体であった。この如来なかりせば、永劫《ようごう》私の苦しい胸の治まる時はないのである。私は親を思うにつけて如来を思わざるを得ぬ。現にその御光《みひかり》は我が上にあり、その御光は彼らの上にあり、我と彼とともにこの光明の中にあり、我らは如来に帰命《きみょう》し如来に感謝しつつこの如来の徳を讃嘆せねばならぬ。この如来の本誓《ほんぜい》に帰せずして我らの帰するところがどこにあろう。

七

ここに到って思う。親を愛し親を救いたいという一念より出発して、我が救われねばならぬことに結帰してみると、我の救われねばならぬことに思い到らしむるための方便として、親の存在というものが私に対して非常に深い意義をもたらしていたことに気づくのである。彼を救わねばならぬということは、我を救わねばならぬということであった。親の愛、親の苦悩、それらすべてが眠れる私の魂をひき起こして、私を育み養っていたのであった。親を親をと自分から親に向かっていた心、それは悩みであったが、今やその親より私に向かって放たれていた大慈悲の光を認めざるを得ぬ。方向転換である、向かっていたのは向かわれていたのである。ここにおいて親の上より私へと放射されている光を見る。この光の育てによって、親に向かっていた自分が如来に向かうようになり、親によって如来に向かわしめられたのである。親を救うべきではなくて親によって救われつつ救いに進めしめられていたのである。一生涯、私はこれを繰り返して苦しみつつ、同時にこれによって救いを感じつつ進むべきである。どうしても親を愛するがゆえに、親は私の救わねばならぬものであって、そのことによって私は救いの道に入らしめられてゆくのであった。

元日法語

勧修寺村《かじゅうじ》の道徳《どうとく》、明応《めいおう》二年正月一日に御前へまいりたるに、蓮如《れんにょ》上人、おおせられそうろう。「道徳はいくつになるぞ。道徳、念仏もうさるべし。自力《じりき》の念仏というは、念仏おおくもうして仏にまいらせ、このもうしたる功徳《くどく》にて、仏のたすけたまわんずるようにおもうて、となうるなり。他力《たりき》というは、弥陀《みだ》をたのむ一念のおこるとき、やがて御《おん》たすけにあずかるなり。そののち念仏もうすは、御たすけありたるありがたさありがたさと、おもうこころをよろこびて、南無阿弥陀仏に自力をくわえざるこころなり。されば、他力とは、他の力というこころなり。この一念、臨終までとおりて往生するなり」と、おおせそうろうなり。

（『蓮如上人御一代記聞書』聖典八五四頁）

一

新年になって歳の改まることを思うと私は、この蓮如上人と道徳との話を思い出すことである。それで、ともにこの法語によって教えられるところがありたいと思う。道徳の話は単に四百年前の昔話ではなく、それは今の私どものことであると味わわねばならぬ。すなわち道徳は今の私どもの代表者であり、総名代である。

二

明応二年正月のことである。山科の本願寺におられた蓮如上人は、七十九歳の高齢に達しておられる。一人の禅門であった道徳という老人が、元旦早々、衣服をととのえて、何よりもまず第一に本寺に参詣して、上人にお逢いして新年の御礼を申そうとしてやってきたのである。彷彿《ほうふつ》としてその時の模様が見えるようである。蓮如上人はどこに居られただろう。座敷か書院か、ともかくも、平生より親しくしていた一信者の道徳という老人が、新年の御慶《おんよろこ》びを申そうと心も新しくいそいそした脚取《あしど》りで寺の門をくぐって、まず本堂に上り、御本尊にもねんごろに御礼をとげて、さて蓮如上人にお逢いしたのである。

おそらくは、新しい服装《みなり》と新しい顔をして、「まず新年はおめでとうございます。昨年中は毎々御厄介になりましてありがとう存じます。本年も相変わらず、よろしくお願い申し上げます」と、例のごとく御定まりの言葉によって御挨拶をしようとしたことであろう。ところが道徳が一言も発せぬ先に上人から、「道徳はいくつになるか」と仰せられた。これは他のいろいろの話があった後の言葉と見られぬでもないが、蓮如上人という方の人格と御精神とから推測すると、おそらく、逢うとすぐ蓮如上人の御話があったことと思われる。

三

「道徳はいくつになるか」と冒頭から浴びせかけられた道徳はさぞ意外であったであろう。毎日ほどに始中終出入りして何くれとおつきあい致しており、毎度御教化も受けつつある道徳の年齢を、よもや上人の知られぬことはなかろう。その上人が元旦早々、最初に「道徳はいくつになる」とやられて、道徳もさぞ意外であっただろうけれども、問われてみれば答えぬわけにもゆかぬ。「ハイ私も当年はとりまして幾歳になります」と、お答えをしようとしたに違いない。

「いくつになるぞ」と問われたのは何も年を聞きたいのではない、老人の年など聞いて何になろう。この物語を読んでいると、蓮如上人その人のやるせないまでに張り切ったお心持ちがありありと見えてくる。その反対に道徳という老人がいかにぼんやりであって、金持ちの隠居さん然とのろっとしていたかがうかがわれる。

ある時、夕ぐれにどやどやと人々の入ってきた気配をきつけて「何しに人が多くやってきたのか」と上人が侍者にお尋ねになった時、「平生御教化にあずかったご苦労を謝するため、歳末の御礼にまいったのであります」と申しあげた時、上人は、

無益《むやく》の歳末の礼かな。歳末の礼には、信心をとりて礼にせよ

(『蓮如上人御一代記聞書』聖典八五七～八五八頁)

と申されたということである。上人の一生の苦労は人々が信心を得て、人自らが救わ

れて、幸福者になることのほかに上人の念願はなかった。しかるに人は手足や説法の苦労ばかりを感謝して、上人のその御心を受け入れようとしない人々の、ぼんやりしていることをいかに歯がゆく物足りなく感じていられたかが思いやられる。その精神を受け入れるということは、自分が信心決定《しんじんけつじょう》の身となって助かることであり、仕合せになることである。それをほかにしては本当の御礼もなければ喜びもない、であるからもし人が信心決定の身となって喜ぶようにならねば、何ほど、新年の礼をいってても、畢竟、上人の苦労は徒労となってしまうのである。私は諸君とともに、ふかく自分自分に省みねばならぬと思う。蓮如上人をして御一生を徒労にさせておりはせぬか、親鸞聖人の努力を徒労にさせておりはせぬか、口ではご苦労くださったことがありがたいなどといっているが、自分自身が、真実に助かっておらず、信心決定《しんじんけつじょう》しての法悦がないならば、御礼をいっても、喜んでみても、それは通らぬことになってしまう。

四

我々の代表者である我が道徳は、今、上人の前にあって、この唐突の問いに答えて己《おの》れの年齢《とし》を告げんとした。道徳は「いくつになる」ということを単なるお言葉尋常のお愛想《あいそう》の言葉として聞いている、そして単にそれに答えて己れの齢《よわい》を告げようとしている。私は道徳の実齢を調べておらぬが、あるいは上人より一つか二つ上だったかもしれぬ。そう思うと今の世間の老人のように、ハイ私は八十一歳になりましたと言おうとしたかもしれぬ。そして、上人から賞揚してもらおう、祝いの言葉でも聞こうと予期していたかも知れぬ。「イヨー、そうか八十一とは俺よりは三つも上じゃ、達者で結構じゃなあ」くらいのご返事を期待したかもしれぬ。老人になるとよく自分の年の多いのを自慢にするものである。人以上に自慢することがないものだから、年の寄ったことを、さも大事業でもしたかのように自慢したがるものである。そして人から賞められおだてられるといい気になって、おだてに乗って健康の自慢話などを始めたりする。人間もそうなるとしまいである。年なんか自慢せずに、本当にこれこそはと喜べるものを喜ぶようにならねばならぬではないか。蓮如上人は道徳の心をかねがね見抜いておられた。だからその次にすぐと「念仏申さるべし」と出てきた。

人の信心をうることは自分の努力だけでいくものではないことを知っている上人も、

やるせなさには「宿善《しゅくぜん》まかせとはいいながら、述懐の心しばらくも止むことなし」と泣いておられる。けれどもじっとして人を見ていることのできぬ上人のいらいらしていられることがありあり見える。それであるから波が押し寄せてくるように道徳の答えや言葉を待っていられなく「自力の念仏と申すは……」と自力念仏と他力念仏との問題を提出して法話が始まったのである。

もし道徳にして、真実の他力信心の人とならぬ以上は、新年が何度来たとて、年が百になったとて何のめでたいことがあろうという、真実に人を思う上人の切ない御心が遺憾なくあらわれている。

五

「道徳、念仏もうさるべし」道徳は平凡な男であった、おめでたい信者である、念仏心の薄い男である。それで上人はもどかしくっていらいらしておられた。エーイ、そんなお前の年など聞いているのじゃない。念仏が大切じゃぞといっているのじゃ。念仏を申さっしゃい。大切に申さっしゃい、いい年をしてぼんやりしているではないぞ。おめでとうと世間並みの心で世間並みの事を相変わらず繰り返していたり、喜んだりしていて、それが何になる。無事に達者で新年を迎えたことは、普通の人情としてはお互いに有り難いとも思おう、仕合せとも祝おうが、人生を省みてちっとは本気にならねばならぬ。人間に生まれたことも、七十、八十まで長らえたことも喜びではある、五十年、七十年の間の苦労によって、財産も金も殖《ふ》やしたかもしれん、子や孫を育て上げたかもしれんが、皆案外のことばかりではないか。それよりはもっともっと大事なことに努めねばならぬではないか。もっともっと自分を可愛いがって、命があって達者な内に、自分の魂の根本の問題について励まねばならぬではないか。たとえどんなに結構になったといっても、お前の心がそのままであるならば、お前の過去幾十年はいたずらに年齢を加えたに過ぎぬのであって、しかも事によると一生は苦しみの積み重ねに過ぎぬではないか。我が身の年を考えてみるならば、いよいよ大急ぎで、本当の道を求めねばならぬ、年をとるほど、いよいよぼんやりしてはおられぬのである。道徳よ、道徳、わしはお前の年など聞きたくはない、お前の年を思うにつけて、切に心配しているのである。道徳、年賀をいうよりも、もっともっと大切なことがある、私は平生からお前の心を案じている、のろのろした新年の喜びや礼の言葉を受けておられぬほどにお前を思っているのだ。まず念仏を大切に申されよ。しかもお互いに老齢に及んでいる、年々歳々花相似たり、歳々年々人同じからず、重ねた年を顧みて喜んだりしてはおられぬではないか。年の重なることはお前の命の縮まってくる事だ、死の影が一段一段明らかになっているではないか。過去を思い未来を思って、現在の我が身我が心の有り様に考え及ぶならば、何よりも念仏申して助かることが専要である。わしが今お前の年を聞いたのは、念仏を忘れてはならぬ、念仏がいよいよ大切だということである。上人が道徳！ と名を呼び上げられたのは、上人には道徳の言わんとすることが分かっておるものだから、道徳の言葉の発せられぬ先に、道徳の言葉を遮《さえ》ぎって、念仏の切要なることを示されたのである。

六

道徳も信者であるから、常から念仏していたに違いない、またつい前にも本堂に参って念仏して、上人の前に出る時にも数珠も持ちながら、念仏しつつ出たに違いない。

その念仏者に対して、念仏申さるべしと事新しく、改めて申されたのは変なことである、それゆえ道徳は定めて、この言葉を承っても怪訝《けげん》な思いをしたことであろう。

「ハイ、常に念仏しております」と、ここでも御受けの返事をしようとしたことであろう。しかし上人にはそんな答えを聞く必要はないのである。念仏を常に申しているくらいの事は聞かずとも分かっておる、また今新しく教えなくともいいことなのだが、お前の念仏、口に称えておるその念仏のことをいうのではない、わしはお前の心のほどを思っておるのである。口に念仏を申しておるその心が気になっておるのである。前々から気になっておるのだが、新年にまずお前の顔を見るとたまらなく案じられてきたのである。お前がちゃんと心得たつもりになって念仏しておるのを見ると、ますますたまらぬのだ。わしはお前の落ちついておるそれが心配になってならぬのだ。

これはきっと上人のこの一語の裏にかくれてあったことと思う。

七

お前の喜んでいるといって、申しているその念仏は自力の念仏と申すのである。お前の心はこうであろうがな、結構な念仏だからたくさん申すことは結構なことであると思い、また念仏申しておるとよい心持ちになって、心が静かに落ちついてくる、それが嬉しさにお前は有り難いなどと思って、常に念仏を申しているに違いない。その心の底を探ってみると、常に申せという教えだからなるべくたくさん申させていただくのは結構なことだと思い、そして念仏すれば助けてやると仰せられるのだから、おっしゃる通りに従順に称えれば、仏は可愛いがって下さろうの下心がある。また大善大功徳の名号と聞くからには、一度申しても莫大な功徳を蓄えたこととなる。それだから、多く申したなら定めて称えた功徳によって助けて下さるに相違ないと思って、せっせつと仏の前に献ずる心持ちで称えておるのである。お前は、いやそんなことはない、常に御聴聞《ちょうもん》させていただいておりますから、そんな心から称えておるのではありませぬと言おうと思うであろう。けれども、きっとそうに違いない、お前の言わんとする申し訳はそれは聴聞したのだ、聞いたのだ、心得ておるのだ、もっともっと自分の心の奥に立ち帰って心にとくと聞いてごらん。その証拠にはお前には助かったという大慶喜《だいきょうき》の心はないだろう、毎度念仏するその心は、いつも、助かろう助かろう、助かりたい助かりたいという心である。助けて下さるのだそうな、有り難いことじゃと喜んでいるその後から、助かりたい、助かろう助かろうの心が起こってきては、さてお念仏を申すことであろう。助かりたい心の起こることは誰にでもあるけれども、真実《ほんとう》の他力信心の念仏は、助かった心から出てくる喜びの声であり、有り難うと思うお礼の心から出る念仏なんだぞ、お前にはそれがない。さあ、新年とともに改めて話して聞かそう、そもそも他力というのは……と他力念仏のご説法が始まったのである。

八

「他力というは、弥陀をたのむ一念のおこるとき、やがて御たすけにあずかるなり」と申されてある。

「やがて」とは即ちということである、そのままということである、ただちにということである。即得往生《そくとくおうじょう》ということである。救いはどこであるか。一念に弥陀をたのむその時に助かるのである、念仏の申さるるのは、この助かった喜びの心から出るのでなければならぬ。道徳の念仏には力がない、哀れな、そして弱い響きであったであろう。たとえまた力強く元気よく大きな声であったとしても、それは助かった喜びから出るのでなくて、つとめてやっていたのであろう。称えよと仰っしゃるから称えるというようなのであったのに違いない。有り難いと思っていても、それは助けられたことが有り難いのではなく、称えているということが有り難いのである。結構な御念仏を称えておるということが有り難いのであって、助けたまう本願が有り難いのではない、すなわち助かった喜びがない。せいぜいのところで助けて下さるということが有り難いのである。すなわち助かることは余程遠い所にあってそれを望んで喜んでいるのであろう。だから力がない、だから本真のよろこびは到底知ることができぬ。そこを蓮如上人が、ちゃんと見抜いておられたのである。

九

今は世間上の一々の問題について述べる暇《いとま》はないが、要するに生死の問題、すなわち世間上のいろいろの問題の根本であり中心である一切の問題を、総じて一つとした生死の問題について、助かりたいというのである。すなわち仏になりたいということである。この大事件は到底自分の智慧や力で完成できるものではないということは知っているゆえ、自分のごときは他力本願《たりきほんがん》の慈悲に依ってでなくば助からぬと承知しているのである。それゆえ念仏を信じ念仏をとなえているのである。けれども、そこまでいっておって、しかも去りがたいのは自力の心である。他力本願の前、阿弥陀如来の前に跪《ひざまず》いておりながら、まだ自力の念仏より出ぬしぶとい根性は自力の根性である。いかに自力他力の問題が大事な問題であるかがうかがわれることである。

余の仏を拝むのではない、他の仏名を称えるのではない。道徳はそんなことの分からぬ信者ではなかったであろう。すなわち、一向の念仏の人であったに相違ない。それでさえ蓮如上人に叱られている。

現今の信者と称する念仏申す人の中には、阿弥陀如来をも拝むが、薬師《やくし》如来をも拝む、大日《だいにち》如来をも信ずる、聖天《しょうてん》様をもたのむ、天神《てんじん》様をもたのむ、何でもござれである。荒神《こうじん》さまもよし、観音《かんのん》様もよし、御大師《おだいし》様もよし、南無阿弥陀仏をとなえているかと思うと、南無観世音菩薩《なむかんぜおんぼさつ》、南無大日、南無天神、仏の名も神の名もガラクタ店のようである。名号が尊いという教えを聞いて、何でも名号なら尊いと思っているような風である。そんなのは元より念仏の信者でもなければ、真宗の信者でもないのである。それでありながら真宗であるとか、念仏を信じておるとか、本願が有り難いなどといっている、むしろ滑稽である、無茶苦茶なのである。そしてちゃんと澄まして信者顔をしている。姿形ならまだいいが、一角《ひとかど》の信者のつもりでいる人がある。それが一年や二年の人でなくして、十年二十年聴聞した人であっても、内証では皆多くはこの類いである。人々よ、念仏申す人々よ、醒めねばならぬ、酔っていてはならぬ。それかといって、たのむは弥陀如来ばかりといい、拝むのは弥陀一仏であるといい、称うるは念仏一行であるといっておっても、それが何も尊いとは限らぬのである。余仏余行に向かわぬけれども、真宗の家に生まれたからやらぬとか、真宗ではやらぬのじゃからやらぬというに止まるのであれば、何のこともない。他力信心が真実でない限りはいずれであってもすべて駄目である。

十

よほど上等のところで、多くは道徳ぐらいのところに止まっているものである。他力本願の前にありながら、なお自力根性である。自力心は打算的である。理屈や道理を考えて、功徳莫大なる名号なるゆえに称えるとか、称えれば助けて下さるという打算の上に立った念仏であったり。また称えよといわれるから、これで仏の心にかなっているであろう、そうじゃそうじゃと自分で理屈をつけて、これでよかろう、あれでよかろうと計らっている心が止まぬのである。念仏を多く申すのもその心からである。蓮如上人はその心を看破しておられたのである。聞いても聴いても大抵止まるところは一様である、皆この辺で止まってしまうものである。そんな難しい他力の信ということはいかほど聴聞しても分からぬ。愚かな我々には分からぬのじゃ、分からぬ者愚かな者もこのままでお助け下さるのじゃと、自分に理屈をつけてちゃんとここへ帰ってきて座っている。甚だしいのになると、どうもしょうがないからお念仏を申すばかりじゃ、つづまりそれより仕方がないじゃないかと、無茶苦茶に念仏申すようになる。そしてお助け下さるのじゃ、御助け下さるのじゃと、自分で決めて自分で喜ぶことに努力し念仏しておるのである。尊い功徳の念仏じゃからなるべく多く申そうとするのもその心である。その心では助からぬぞと、蓮如上人は道徳に対して申されているのである。助からぬならば、いかほど自分勝手にこじつけて喜んでみたところが何にもならぬではないか。そこには助かった自覚も自信もなく自然慶喜の心も出てこようはずがない。信心には歓喜がある。仏の顔色を伺っているような念仏、追従心《ついしょうしん》の念仏には、どこまでいっても助からず慶びも起こってこぬのである。外は喜んでいるようでも内心にはちっとも喜んでおらぬ、外には信心のように見えても安心しているように見えても、内実は安心も信心もないのである。いくら繰り返していても同じことであるが、しかし「自力の念仏というは、念仏おおくもうして仏にまいらせ、このもうしたる功徳にて、仏のたすけたまわんずるようにおもうて、となうるなり」と申されてみると、なに、今の私はそんな心で念仏してはおらぬ、私のは他力信心から出ているのじゃと思うであろうけれども、深く静かに心の内に入って考え、そして再考三考に及ぶならば、おそらくは道徳の叱られたごとく、やはり自力念仏のところに止まっていはしまいか。これは深く要心せねばならぬことである。

十一

蓮如上人の叱られているこんな念仏なら、まだも結構だが、ことによると、何が出てくるかしれたものではないのである。災難が来そうであると、厄除《やくよ》けに念仏をとなえたり、暇つぶしに念仏したり、病気平癒の祈禱《きとう》にしたり、事業成就の祈禱にしたり、正直者に見ゆるように、殊勝らしく見えるように、信用保護にしたり、うかうかしていると何にこそ、念仏を使用するかもしれぬのである。それから見ると、多く申せば仏の助けて下さるように思うくらいは上々の部ともいえよう。『現世利益和讃《げんぜりやくわさん》』には、種々に念仏の功徳を讃嘆されているのであって、称えるところに諸種の功徳もあろうけれども、それは名号の自然の徳である。だからといって当て込んで称うるに至っては幼稚といおうか何といおうか、ともかくその意を得ぬのである。当て込む心、自分で計らう心、それは自力である。そこを「南無阿弥陀仏に自力をくわえざるこころなり」と申されたのである。

十二

「他力とは、他の力というこころなり」なんと明瞭な言葉ではないか。他の力である、本願他力の力で助かるのである。露ほども、自分の力や考えで助かるのではない、全く他力である。他力本願のお力によって助かるのであって、それを示されたのが南無阿弥陀仏である。南無阿弥陀仏を称えよとあるのも、その思し召しである。ただ有り難いのである。どうしても有り難からざるを得ぬのである。何ゆえそれ以上に自力を加えようとするのか、加える心は他力が信ぜられぬからである。疑うがゆえにいろいろのはからいを用うるのである。さればこの南無阿弥陀仏は助けられた喜びであって、助けられたい希求の心であってはならぬのである。

「そののち念仏もうすは、御たすけありたるありがたさありがたさと、おもうこころをよろこびて」申す念仏である。自力の心には一度も助かった味わいがない。そこには助かりたい、助けていただきたい、どうぞ間違わぬようにとの案じ心はどうしても免れることはできぬ。他力の一念は即ち助かった自覚であり、救いの自覚である。

だから思い出すたびに助かった喜びがあるのである、したがって間違いのない決定の喜びがあらねばならぬ。現在において一念発起《いちねんほっき》平生業成《へいぜいごうじょう》の他力信心の人のみ、臨終までこの喜びの念仏が通って浄土に往生するのである。今助からずにあって、仏の助けたまわんずるようにのみ思っている人が、いかに気張って念仏しても未来永久に助かる訳がない。祖師聖人の御一生の苦労も、この平生業成一念発起の他力信心《たりきしんじん》を得させんためであった。蓮如上人の念仏申されたのも、念仏をすすめられたのも、この一念の信を開発せしめたいためであった。その人こそ現に助かりつつ慶喜《きょうき》の心より一生念仏を喜ぶのである、それは自然である。この人こそ未来に無上涅槃《むじょうねはん》の仏果《ぶっか》の証するに到るのである。

多数決

多数は必ずしも真ではない。多数に依って事を決するほど危《あやう》いことはない。けれども吾人は多数に従って事を処せんとする傾向をもっておる。これは余程注意せねばならぬことである。無論自分一人の考え、それも必ずしも真ではない。しかるに往々吾人は頑固に独断的に自己の考えを真として、他の意見を容れようとしない傾向を有している。人はいう、されば自己の信ずるところを可とすべきか、また多数に従う事を可とすべきか、そのいずれが真なるや善なるやと。しかしそう簡単に真なるものを決定しようするのはいかがなものであろう。要は真なるものが真であり、善なるものが善であるのである。しかるにその真なるもの善なるもののいずれに存するやを求めずして軽々にこれを決しようとする。

多数決ということには、多くの場合において多くの便宜がある、それがために多数決を真として進もうとするのである。割合に過誤《あやまち》が少ないこと、もしあっても過誤の少量で済むこと、結果の良からざる時に責任の軽きこと、及び決する場合にまとまりの良きことなどのためであって、必ずしも真なるものということはできない。多数に依って決せられたことに、力のある事ははなはだ少ないではないか。それはつまり、各人が真剣にその事のために考慮しておらぬということである。真剣なことに対しては、決して多数決などに従えるものでない。それはどうでもよいと思惟しているからである、でなければ、たとえ人のためであっても、自分のためであっても、また団体のためであっても、その考えが真であり、善であるか否かを突き止めなくしては賛同のできるものでない。ただそれには一人の善ならざる考え、真ならざる考えの、独断的に遂行されんとする危険を、防止するという便利があるばかりである。しかれば自分として、多数に従うということは深く考えねばならぬことである。多数は必ずしも真でない。

世間の事においてもそうである、いわんや自己の魂の問題については特にそうである。

釈尊は多数に従われた人ではない。むしろ多数に反対された方であった。在来の思想及び宗教に従って満足しておられなかった方であった、だから多数に反対して立たれたのである。世の多数に従われなかったけれども、それが真であり、善であったのである。ただ一人であったけれども、真は永久に真であり善であった。それがため、幾千年の後まで幾百億の人々を導き、多数の反対者もついにはこれが讃仰者として釈尊に従わねばならなくなったのである。それは釈尊の有せられたものが真であり、善であったがためである。またそれが真であり善である限り、いつかは万人が皆その真の前に跪《ひざまず》かねばならぬのである。

法然《ほうねん》上人は多数に反対して他力本願《たりきほんがん》を信ぜられた。多数に反対されつつ、たとえ命をとられても違変することはできないと申された。魂の道は多数に任して従えるものではない。

親鸞聖人も多数に従われた人ではない。

もし、古聖賢が多数に依って事を処し自己を処せられた人ばかりであったならば、世は永久の混沌であり、人類は永久の暗澹《あんたん》である。おそらくは今日の物質的文明も精神的文明もこれを見ることを得なかったであろう。すなわち多数に従われなかったがために、人も世も、闇を破って光に接することができたのである。

しかるに吾人は、とかく多数に従わんとする傾きを有しておる。それは自己を思うからであるようであるが、それは真に自己を思うのではない。

世の多くが信ずるがゆえにそれは真であろうと思い、友の多くが信ずるがゆえにそれは真であろうと思い、あるいは反対に自分はその教えが真であることを認めつつも、世の多くが信ぜざるがためにその真を疑い、友の多くが信ぜざるがために躊躇《ちゅうちょ》している。また在来自己の信じきたりし道の真でなき事を認めつつも、友の多くを顧みるがために、自己の道にあらざる所を去ることができぬ。それがために依然として己れの道を有せず、従って魂の帰着と安住と自信とを欠いていることが多い。これ皆真を多数決の上に信ぜんとしているがためである。

自己の大切なる心、魂のことについては、忠実であり真剣であらねばならぬ。去るべきは去り、取るべきは取り、緊急に、一切の問題の根本である一心の道を求めて、真であり善である本真の道を尋ねねばならぬのである。その道が真であり善であるならば、単に自己一人の真でなくして、それは人類全体の真なる道である。

仏を知りたい

あさの御つとめに、「いつつの不思議をとくなかに」より「尽十方《じんじっぽう》の無碍光《むげこう》は無明《むみょう》のやみをてらしつつ　一念歓喜《かんぎ》するひとは　かならず滅度《めつど》にいたらしむ」と候う段のこころを御法嘆《ごほうだん》のとき、「光明遍照十方世界《こうみょうへんじょうじっぽうせかい》」の文のこころと、また、「月かげの　いたらぬさとは　なけれども　ながむるひとの　こころにぞすむ」とあるうたをひきよせ、御法嘆候う。なかなか、ありがたさ、もうすばかりなくそうろう。上様御立ちの御あとにて、北殿《きたどの》様の仰せに、「夜前《やぜん》の御法嘆、今夜の御法嘆とを、ひきあわせて仰《おお》せ候う、ありがたさありがたさ、是非におよばず」と、御掟候《ごじょうそうら》いて、御落涙《ごらくるい》の御こと、かぎりなき御ことにそうろう。

（『蓮如上人御一代記聞書』聖典八五五頁）

一

いつつの不思議をとくなかに　仏法不思議にしくぞなき
仏法不思議ということは　弥陀《みだ》の弘誓《ぐぜい》になづけたり

弥陀の回向《えこう》成就して　往相還相《げんそう》ふたつなり
これらの回向によりてこそ　心行《しんぎょう》ともにえしむなれ

往相の回向ととくことは　弥陀の方便《ほうべん》ときいたり
悲願の信行《しんぎょう》えしむれば　生死《しょうじ》すなわち涅槃《ねはん》なり

還相《げんそう》の回向《えこう》ととくことは　利他教化《りたきょうけ》の果をえしめ
すなわち諸有《しょう》に回入《えにゅう》して　普賢《ふげん》の徳を修《しゅ》するなり

論主《ろんじゅ》の一心ととけるをば　曇鸞大師《どんらんだいし》のみことには
煩悩《ぼんのう》成就のわれらが　他力《たりき》の信とのべたまう

尽十方《じんじっぽう》の無碍《むげ》光は　無明《むみょう》のやみをてらしつつ
一念歓喜《かんぎ》するひとを　かならず滅度《めつど》にいたらしむ

（『高僧和讃』聖典四九二〜四九三頁）

二

病床に悩んでいる知人が、至急に逢いたい、逢って話が聞きたいというので、人に連れられてその家を訪ねました。その人は四十五、六の年頃で二、三か月前から病床に倒れていたのであって、妻と二人の子供と他に一人の人との生活でありました。

「ご病気だそうですが、どうです」

「ハイ初めは肋膜炎《ろくまくえん》に罹《かか》ったのですが、今では、その方はともかくとして、肺病になったのです。肺になったとしてみると、いろいろ考えれば考えるほど苦しくなって仕様がないのです。私は今日、何もかも有り体《てい》にお話したいと思います。そして安気になりたいと思います。偽りや飾ってはおれぬのであります」

「どうせ治らないとあなたはいいますが、そんなことは分からぬことです。また真に肺病になっているのか、まだなっていないのか、それもあなたには分かりますまい」

「イヤ、医者もいろいろいいます。まだなっておらぬという人もあり。少々は罹っているという人もあります。また友人やなども神経を起こして心配しているから悪い、神経が強いからじゃといいます。無論、神経でもありましよう、また友人達が神経だと叱ってくれたり、なだめてくれたりしますが、私はかえって腹が立ちます、不満足に思います。もちろん、皆が神経じゃ神経を起こすな、といって励ましてくれる、その心を喜びます、それは皆私を思ってくれる厚意からであることはよく了解します、けれども私の心を知ってくれぬのを恨みます。病が進みつつあることは自分にもよく分かります、そしてそれをそうとして万事を考えてゆきたいのです、そして安心がいたしたいのです。私はあるべきことを単に無いとして平然としていたくはありません、また今の場合そんな事ができるものではないのです。病床にある病人自身としては単に、神経として楽観していられないのであります。それであなたにきていただいたのであります」

三

「それでは、肺病として、また不治の病として考えるがよろしい、また急に治らぬものとして考えるがいいでしょう。要するにあなたの現在は病そのものの苦しみよりは心の苦しみが大きいのでしょう。また、死に切れぬ悩みなんでしょう」

「そうです、心が苦しいのです。実にそうです、死に切れぬのです、活き切れぬのです」

「さればどんなことが苦しいのですか」

「今日までに大病にかかった事もたびたびありますが、いつもは、死ぬと思ったことはありませぬ。死ぬかも知れぬぞと思ったことはあっても、本当に死ぬんだと思ったことはありませぬ。口ではいっていたり、心で一寸《ちょっと》思ってみたことはあっても、どこにか一点の希望がありました、半季なり一年なりすれば治くなるものという自信がありました。それゆえ、苦痛は苦痛であっても、心配することはしても自分の心中にたのむところがありました。それで苦しいは苦しいとしても、なお平然たることができました。しかし今度は死ぬということが明らかに自覚されてきたのです。実際、死を見るは苦しいものであることを初めて知りました。たとえ人が何といってくれても仕様がないのですよ、人はそれを知ってくれませぬ、私のこの心を知ってくれませぬ。

私はこの心をどうにかせねばならぬのです。せずにはじっとしておれぬのです」

彼は正直な素直な、そして真剣な態度でかく語りつづけている。実はこんな大きな声を出してはよくないのですけれども、そんなことをいっておられませぬといって、涙ぐみ、男泣きに泣きつつハンカチで眼を押さえ押さえして語るのである。私はその言葉を聞くというよりもその心を聞きました。沈黙をもって傾聴しつつ同情の思いを運びながら、この真面目なる告白を聞きました。たまたま真の人間に逢い、人間の声を聞いたように感じました。

四

万感交々《こもごも》至るという風で、精神の乱れるのを制することに努めて、しばし沈黙していた彼は再び語りつづけてゆくのである。

「私は今日まで、いろいろの宗教の書物も随分読みました、また宗教の話も聞きました。それによってかなり自分を養って安心していました。生活の上にも死の問題についても、安心して進んで行けておったのです。電光影裡《でんこうようり》斬春風《しゅんぷうをきる》、種々《いろいろ》な事にも出逢い、病気に罹った時にも常に電光影裡春風を斬ったものです。斬って進んだのです、いつも斬れたのです、進めたのです、しかるに今度はそれがどうしても斬ることができぬのであります。斬れなくなったのです、お恥ずかしいことですけれども仕方がありませぬ、痩せ我慢など起こして捨てておくことはできぬのです。弱いものですね――人間は、私は自分の弱いことを初めて知りました。それにしても中江兆民先生などは豪《えら》いと思います。とにかくああいって死んで行ったのですからね、事実は分かりませんけれども豪いと思います、私もああいう風に死んでゆけぬことはないという自信がありましたが駄目です、私は駄目です。豪い人や強い人があってもそれはその人のことです、感心していても真似はできないのです、また私はそんな真似をしたくありませぬ、否、できぬのであります。私は私です、私のごとき弱いものは、弱いものとして何とかせねばならぬのです。ともかくも今の私には神でも仏でも助けてくれる方、この心を救ってくれる方を知りたいのです。現在を見ても未来を見てもじっとしておれぬのです、今日まであった神も仏も今の私には一切なくなったのです。力なきものとなったのです。今私の心は何か助けてくれる方にこうすがりつかねばおれぬのです。（彼は座右にありし枕を摑んでいう）死ということを実感しては、それは私にとっては天地がひっくりかえることですからね、天地の破壊ですからね」

五

「妻子のことは気になりませぬか」

「なりますとも、妻は健康でもあり何とかなるでしょうが、子供は気になります。私は生きておりたいと思います、そして彼が一人前になるまで、世話をしてやりたいと思います。それが必ずしも彼のためになるかならぬかは分からぬとしても、せめて普通の教育を受け普通に生活のできるだけの財産も残しておいてやらねばならぬと思います。しかるに今死ぬるとすれば、少しも残してやることができませぬ。できぬくらいではありませぬ、病気になって以来二つの会社から受ける俸給は一切入らぬこととなっておるので、養病資金や生活も友人の厚意によっておるようなことであります。その恩をすら返す見込みもないと思えば心苦しからざるを得ませぬ。子供はその友人に頼んで何とか養ってもらうことに頼んで、引き受けてもらっていますから、安心しているようですがやはり気にかかります。それも死に切れぬ一つの原因であります。けれども死んでゆかねばならぬのです。死ぬとすればいかに子供のことを思ってもどうにも仕方のないことですから、仕方がないとしてあきらめております。私の一生涯は随分気ままにいろいろの変化のある一生でしたが、要するに下らないとつくづく思います。真実に生きてみたいと切に願います。もうそれも仕方がありませぬ、万一命があるならば真実に生きてみたいと思います。随分好きなことをして暮らしてきましたが皆つまらないことでした。そしてしまいには人の世話になって会社につとめたりして、つまらぬ人間にこきつかわれて、頭を下げて無理と知りつつ命《めい》を奉じて働きつとめねばならぬ、すべて下らぬことです。それがただ生活のためであります、酒を呑む、出でて遊ぶ、いろいろの面白そうな遊びも実はその慰安であります。面白くないものだから酒でも呑んで慰安をするのですね、考えてみると本当に酒がうまいからでもないのです。要するに一生はつまらぬことに気張ってきたものです、ほんとうにそうです、変なところに力を入れておったものです、愚かなことでした。

けれどもそれは済んだことです。今は私のこの心が救われねばならぬのです」

六

「私は他に用事があって、二時間か三時間よりないのですが、ただ一つ言いたいことは、『あなたが助かっておるのだ』ということです。もちろん今のあなたからいうならば、助かっておらぬといわれるのはもっともであります。助かっておらぬから苦しむのでありますけれども、仏からいえば、私は今、南無阿弥陀仏、すなわち阿弥陀如来のことをいうのです、仏からすでに助けられておるんですよ。南無阿弥陀仏ということをあなたは聞いてるでしょう。あなたは唱えているでしょう。あなたは真宗の説教を聞いたことがありますか」

「一度や二度は聞いたことはありますが、本心から聞こうと思って聞いたことはありませぬ、ただつきあいぐらいなものでした、何にも覚えてはいませぬ」

「覚えていてもいなくても、聞いていてもいなくても南無阿弥陀仏ととなえ、あるいは南無阿弥陀仏という名を聞いているということは、あなたが助かっているぞということです、すでに助けられているんです。しかし今日まであなたはそれを知らなかったのです。あなたは今日にして初めて助かりたいという願いを起こし、助からねばならぬ苦悩を感じたのですが、如来はすでにあなたのかくあることを知って、すでにその意《こころ》と御手を運んでいられたのであります」

「そんなら理屈をいうようですが、助けられておるものと助けられておらぬものとあるのですか、それはどういうものです、誰でも助かっているんでしょうか」

「そうです誰でも助けられているのです。助かっているのです。ただそれを知ると知らぬだけの事です、知らぬ人はいつまでも永久助かることがないのであります。南無阿弥陀仏ととなえよ、たった一声称えても助くるぞとはその訳なんです。称えたから助かるというのではありませぬ、一声称えてさあそんならこれでいいのかというように考えるから合点がゆかなくなるのです。助けられておればこそたった一声称えても助かるのです。十方衆生といわれていますが、実際皆助かっているのです。『光明遍《こうみょうへん》照《じょう》十方《じっぽう》世界《せかい》　念仏《ねんぶつ》衆生《しゅじょう》摂取《せっしゅ》不捨《ふしゃ》』ということがあります。如来の光明《こうみょう》は到らぬところがないのです。光明、如来の大慈悲は、あまねく十方の世界を照らし護りつつあるのであります、皆助けられているのです。畏《おそ》れ多いことであります、もったいないことであります、有り難いことであります、それを知らずして悩み煩《わずら》っておることはなおさらもったいないことであります。それを知らぬから、人は逆らいます、苦しみもします、どうして助かろうかといろいろに思案工夫をします。自分で助かる方法を講じます、考えます。子をも親をも妻をも助けねばならぬとします。そしていよいよつとめていよいよ助けあたわぬことに際会して悩むのであります。それが自力心の罰であります。皆助かっているのです、自分も親も兄弟も妻も子も一切助かっているのです。ですから、あなたは南無阿弥陀仏と称えて死んでゆきなさい。大丈夫助かりますよ、妻も子も助かりますよ、安心して死んでいけばよいのです。『月かげの　いたらぬ里は　なけれども　眺むる人の　心にぞすむ』と法然上人は申されました。実にそうです、ですから、有り難いというのです、ですから他力なんです。それに今日までそれを知らずに自力の根性を押し立てて、自分で何もかもやってきたように考え、今後も自分の力でやっていこうと思います。それがため、自分が助からず永久の戦いです、永久の悩みです、妻子や人まで助けていこうと考えています、それでいて、人を助けることもできぬのです。自分を助けることも叶わず人を助けることも叶わぬのであります、実は無力なんであります。だから助け下されてあるのです、助けられてきたのです。助けられてきたことを知らずに自分の力できたように思い、自分の力で助かっていこうとします。よくよく考えてごらんなさい、今日まで来たのは自分の力のごとく見えているその全体が他の力であったのであります。それを知らずして、人間の我慢心とうぬぼれ根性がそれを皆一々自分の力のせいとしておったのであります。『念仏衆生摂取不捨』とあります。この仏の慈悲力を知らぬものは助からぬのです、それは最も明瞭なことであります。この大慈悲なる仏力を念ずるもののみ助かるのであります。だからこの仏を念じこの仏力に帰命《きみょう》せざるを得ぬのであります、南無阿弥陀仏という名を聞けば、助けつつありし我をたのめよ、我に帰せよとの意《こころ》であります。南無阿弥陀仏と仏力を念ずれば必ず摂取不捨《せっしゅふしゃ》であるのです。月をながむる人のみ月を知ります、光明を得ます。眼を閉じていてはいかに月が照り輝いていても、その人において、それは闇夜よりほかはありませぬ。闇で安心はできませぬ。後ろを向いても苦です、周囲を見ても苦です、前方に対してもただ苦あるのみであります、それは耐えられぬ悩みであります。継児《ままこ》は多く僻《ひが》みます、親の恩を感知することができぬものであります、たとえ親の手前からは同様に愛を垂れていても癖み易いものです。本当の子は親の愛をそのままに受け入れます。また本当の子は親を信じますが継児は親を信ずることができませぬ。吾人は生来、この大慈悲のみ親の親心を知らずして、継児根性を抱いているのであります。親の心を念ぜざるがために自力根性が盛んになり、そしてそれがためにいよいよ苦しむのであります。ですけれども、親の愛には依然として変わりはないのであります。

七

「親はなくても子は育つということがあります。あなたがそう心配しなくとも子は育っていきますよ、安心するがよろしい」

「それでも、親がおってさえうまくゆかぬのですから、心配になります」

「変な親はおらぬ方が結句都合よくゆくかも知れませぬ、あなた自身の上をごらんなさい、そこに説明されているでしょう。親があって、たくさんな財産を残して置いてくれたのをどうしました。教育をされてきたあなた自身がこんなざまではありませぬか。理屈よりは実際が証明しておりはしますまいか。『家貧にして孝子あらわれ、国乱れて忠臣あらわる』です、立派になった人は多く貧の中に生長し、艱苦《かんく》をなめさされた人達であります。人は自分が富の中に生長して、しかも失意の一生でありながら、子孫に富を残してゆかねばならぬと願っております。それは自分の失敗の後悔に過ぎませぬ。俺があんな不心得をせねばよかったと、不心得と貧とを後悔して、そして子には財産を残して置かねばならぬと思うのです。多くは残して置かれたから、誤ったことを見逃しています。財産を残すことをあながちに悪いとのみいうのではありませぬが、是非残して置かねばならぬと思うのはなお一考を要するではありませぬか。できるならば十分に教育するがよろしい、よくも悪くもささずにはおりますまい。けれどもできぬのになおもそれがために苦慮するということはいかがなものでしょう。子に残すならば財よりも善き精神を残すがよろしい。人は多く自分がさもしい自力根性で生活してきたものだから、子供にも財産を残して置いたらさぞ幸福だろうと考えます。残していった人々の結果をごらんなさい、皆惨めなものではありませぬか。外観は幸福そうに見えても、内実はちっとも幸福にいっていませぬよ、財産があれば冷たい牢獄のような不如意の生活か、でなくば人間が馬鹿になるか、金に苦しめられるかくらいのところですよ。生きている間から、子のために親の苦しめられている例も少なくはありますまい。あれば仕方がありませぬが、無くってもそう心配したものではありませぬ。あなたはこの世界に不思議な力がみなぎっておるのを見ねばなりませぬ。よしや教育と財産とを与えられたとしても、その子がもしもこの不思議力を知らずして過ぎるならば、依然として不幸な一生を送るよりほかはないのであります。それもあなた自身の精神にたずねてみれば分かります。何でもあまりに自分の智慧を過信し、分別心をもって忖度《そんたく》し過ぎることから苦悩は生じます。自力中毒であります。あればあるとして最上の方法を考慮するがよろしい、それが自然であります。無ければないとして静かに熟考するがよろしい。いずれも光に照らされつつあります、光の中でありります、光の力に支えられていることを知らねばなりませぬ。あなたは仕様がないから諦めるといわれますが、諦めるといっても諦められぬものがあって、心を苦しめます。それがため、死にゆく心が引きもどされて、死に切れぬ苦悩《なやみ》を感ぜねばならぬのです。諦めるということは辛抱するということではありませぬ、諦めるということは明らかにするということです。是か非か、いずれが真か、自力か他力か、光があるか闇であるかを明らかにすることであります。自分の考えが真でないことを知り、必ずしも是でないことを知り、自力の駄目であることを明らかに知るならば、仏の大慈悲の力を認めて、明らかに尽十方に満てる無碍光《むげこう》如来の力に帰命し信順すべきでありま す。親に対して孝行でもなかったあなたが、ともかくも今日まで生活してきたではありませぬか、今日まで赤誠誠実でもなかったあなたが、やはり立派に生活をしてきたではありませぬか。不思議とは思いませぬか、今日もなお人や友の力によって、不思議にも支えられつつあるではありませぬか。二月、三月、二年、三年の将来のことを考え煩らうことは、後のこととして、現に救われているではありませぬか。精神上のことについては、現在の上を眺めてみることが肝要であります。仏力であります。人の厚意だといいますが、偶然にも人の厚意が降るのではなくして、仏の慈悲が人の上に自然にあらわれて我が上に来たっておるのです。常人は、単に人を見てその奥の仏を見ようとしません。人に謝すると同時に、一層仏力を感謝せねばなりますまい。その仏に帰命するのです。ですから人の厚意に対しても是非返さねばならぬと思うならば一々苦痛でありますす、返す見込みのつかぬことには苦しくて仕方がありますまい、自分がえらいから人の恵みがあるのではなく、人は苦しめるものに同情して憐れみの心より世話をしてくれるのであります。だから報酬せねばならぬと苦しむことはきっとその人の本意ではありますまいと思います。本真に感謝して有り難うと十分に厚意を受け入れることであります。気兼ねをせず安心せよ喜んでくれと人は願っておるのです。苦しんでくれとは決して思っておらぬでしょう。もちろん、健康になれば勤勉してその恩に報いればいいのです。不安心ということはよろしくないことです、一遍でよろしいが、仏に帰して安心しましょう。一遍でも喜んで心より感謝しましょう。それが最も大切なことです。『ひとたびも　仏をたのむ　こころこそ　まことののりに　かなうみちなれ』将来のことは将来のことです、明日は明日のことです、仏の存在、仏の慈悲は、過去より現在において自己の精神の上に知るべきであります。そしてこの如来に帰命し安住すべきであります。将来の事は信ずるのみであります。食えずに死ぬとしても、自分の過去に顧りみるならば小言をいうべき資格が真にありますか、食いつつ死するか、食余りて死するならば望外の幸せです。仏に任して静かにその思し召しに順《したが》おうではありませぬか。そしての大御心を聴いて、御心を明らかにしてゆきましょう、そこにいよいよ前途の光も輝くことです」

八

「抱きつく方がほしいとあなたはいいます、すがりつく方を要する、助けてくれる方を知りたいといいました。それはもっともでありますが、南無阿弥陀仏によって顕現されている如来は、帰命尽十方無碍光如来《きみょうじんじっぽうむげこうにょらい》であります。抱きつきにゆくという対向しての如来ではなくて、抱かれておった如来にすがることであります。私を中心として取り巻き囲繞《いにょう》されてあった光であります。順逆両縁の形において常に我が上にある如来であります。あなたがかかる病気になり、かかる一生を経てきたことによって、人生を知り、自己の弱きを知り、自力迷妄を知り、如来を求むるに至りしまでが、ことごとく如来の作為であり慈悲であったのであります。漏らさぬ慈悲のあらわれであります。この光の中心に自己を見出したことであります。これをかかる私のためのご苦労といいます。

五劫思惟《ごこうしゆい》の願をよくよく案《あん》ずれば、ひとえに親鸞一人《いちにん》がためなりけり。

（『歎異抄』聖典六四〇頁）

と、聖人は喜ばれました。私一人のために世界は開かれてあり、私一人のために慈光は注がれてありました。この親に抱かれてありし自分をここに発見しては、思わずしらず、南無阿弥陀仏と合掌しつつ仰がずにはおられなくなるのであります」

かく語り終わりて、時計を見れば五時を示していたから、静かに別れを告げてこの家を去りました。

さなきだに苦しいことや難儀なことが多くて、うるさくて困っているのに、自分の妻からそれを聞かされたり、そういう風を見せられたりしてはたまらなくなる。ついには怒鳴りでもしなければやり切れなくなるのである。それはあまりに苦しくなるからである。

男の心

◯

家にあって自分の苦にしている事のすべてをいい、外における雑多の苦しい事を家庭において言い得るならば、男は苦しみから助かることであろう。けれども内に潜んでいる心配や苦しさをことごとくいうことは苦しみを二重にすることである。言わずにおってさえ苦しいのに言えば苦に苦を積み重ねることになるのだから、せめてはいわずに紛れておりたいと願うほどに苦しいのである。女は時にそれを知らずして、あたかも男が何事にも平気で楽々とした心地でいるように見ており思っていることがある。そして少しの不平や不満をさえ前に並べて、見せつけられては男は立つ瀬がなくなる。出でては苦しみ帰っては苦しむに至っては、男というものは哀れである。

〇

溺《おぼ》れる者は藁《わら》でも摑む、ちっとでも心の慰めを得たいと望んでいるがために、家庭でなりとも安楽と円満を味わいたいと願っている。それがため、不平な顔や不満な言葉を聞こまいとするならば、自然妻の望む通りにしていかねばならぬこととなる、金でも何でも思うようにしてやらねばならぬ。そうするならば彼も満足し家庭の他の者も満足して、一家は嬉々としてたちまちに楽園を現出する。もとよりそれは男の中心の念願であり宿望なんであるけれども、もしそれを許してそうするならば、一家という船は暗礁に乗り上げて破損するか、近く沈没する悲運に際会せねばならぬ。それはまた辛いことである。それはやがて彼らの苦しむことであり自分も苦しまねばならぬこととなる。一家は一心同体であるから、半分半分に苦を分担できるものではなく、同等の苦を両方に、味わわねばならぬこととなる。しかして、彼の苦しみはまたこちらの苦しみとなるのである。それが明らかに分かっているものだから、男はじっと我慢して何事にも無頓着であるがごとく、平気を装っている場合が多いのである。平気を装うものだから、理解がないとか知ってくれぬとかいって女は常に悔やむのである。それじゃといって男の苦を一々仔細に言い聞かすならば、女の小さな胸は沈鬱に塞がって苦悶に陥ってしまう。そして一家中の空気は沈滞して息苦しくなる。男は最も気分に生活するものであるから、自分の住めぬ空気となることを恐れて、ついにはじっと耐《こら》えているより仕方がなくなるのである。

○

男というものは弱いものである。ある意味においては女より弱い。かかるちょっとのことにもハラハラして暮らしている、感傷的な心をもっている。そして男というものは強いものだと小さい時から煽てられて、育て上げられたものだから、本当に強いものだと思い込んでいたり、どんな苦しいことにも泰然たらねばならぬと思ったり、強そうな態度を保たねば、男としての沽券《こけん》が下がるように考えて、それがために随分苦しい思いをして痩せ我慢を踏ん張って、力の限り努めたり働いたりしておる。そしてわずかの慰安を買わんとしている、男はわがままに見えて実はお人好しなものである。

◯

彼ら家庭のものの満足するよう、彼らの希望をかなえてやりたい念願を有しているものは男である。頼まれもせぬのにひとり自分で担がねばならぬものと心得て人知れず努力勉励しているものである。稀に少数の例外を除いて最も多くの男は従順に妻及びその家庭の幸福のために焦慮奮励しつつ身命を賭しているように見える。心は家庭に満足を与えてやりたいが精一杯、心からの願いである。金も欲しいだけ使わせたい、遊ばせたい、衣服は良いものを着せたい、できることなら無制限にそうしてやりたいのである。けれども事情がどうも思うように運ばぬだけのことである。遊ぶことはよくないとか、贅沢《ぜいたく》はしてはならぬとか、節約をせねばならぬとか、衣食住の一々の上にさえ小言《こごと》を差し挟むのは元来彼の本心ではないのである。それは皆思うようにしてやられぬがためである。あるいは将来のことを考えるからのことである。

正直にいえば、自分に能力の無いことを自白することとなるから、道にそむくとか、もったいないとか、贅沢に流れるとかいう、屁理屈をつけているのである。もしできるならばそんなことはちっとも考えておらぬのである。家庭がその心根を察せぬこともよくないが、男がそれを出そうとせぬ不正直と痩せ我慢が、相依り相助けていよいよ苦しくしておるのではあるまいか。

◯

強い顔をしていながら気の弱い男というのは、強い顔をしているだけに、やるせない心持ちで暮らしているものである。可愛いそうなものである、愛すべきである。『経』に、「恐熱迫脅《くねつはくきょう》、帰給妻子《ききゅうさいし》」とある、身命《しんめい》を苦しめて得たるすべてを、妻子のために提出し供えているということである。

○

男が平気な顔してぶらぶらしている時ほどそれは苦しい時である。女はそれを平気な顔して遊んでいるように思い、不足に思うのである。女はつまらぬことでも甲斐甲斐しくあえぐほどに働き動いていると、真に働いているものと心得て、家庭中の者は感謝を捧げてくれる。身体の労作以外のものや、物質以外のものは目に見えぬから、真に遊んでいると思うのである。身体を多く動かしている時ほど大抵はつまらぬことに働いているものである。職業にもよるけれども大抵はそうである。

○

「女子と小人は養い難し」という諺《ことわざ》がある。ひどい言葉であるが、理解がないということであろう。女子よ小人よと言いながら、男はそれに心を惹かれそれがために使役されているのである。家は繋縛《けいばく》だというのはもっともだと思う。理解なき主婦や理解なき家庭は、こうして主人や青年を殺してしまう。理解、理解、理解こそ大切である。男が女の心と女の仕事を理解せぬこともあろうが、女が男の心を理解せぬことも随分であろうと思う、かくしてついにそれは共倒れである。

○

ただでさえ重荷を感じつつ悩みづめの男の心に、絶えず寄りかかってこられては、女は内助ではなく内累である。主人の苦慮せる心を知って、静かに独立した心の安住を有して欲しいのは、男が女に対する願いである。彼を愛すると同時に切なる願いである。重い荷を担がされて、寄りかかられて、悲しまれて歎かれて、愚痴られて、どこに男の立つ瀬があろう。

○

弱きものよ、汝の名は女であるということがある。それは女ばかりではない、愚かなるものよ、汝の名は男であると言いたい。

女の心にもやるせないものがある。男にもやるせないものがある。理解の必要がある。理解によって多少はそこに苦しみを軽減することができるが、十分の理解と十分の満足をうることは容易に得られるものではない。

○

互いに、自分自分に道を求めていくことが必要である。各自に自分がひとりでは生きてゆく道がないものだから、他の上に自分の満足し生きてゆく道を得ようとするのである。それがためにかえって理解ができぬようになって、要求のみが強くなるのである。各自の道が発見される時にこそ、静かに退いて理解する余裕を得るようになるのである。

○

某夫人に与う

一

御不沙汰しております。お子さんの御病気はいかがですか、またあなたの御不快もいかがと御案じしております。お気の毒に思っております。時々お訪ねするとよろしいのですが、どうも伺うことができぬのであります。

お医者にもかかり静坐法をやっておられるよし、結構なことと存じます。けれども心の持ち方ということに第一気をつけていただかねばなりませぬ。

二

病気と一口にいいますけれども、単に身から来ておるのと心から来ておるのとがあると思います。私はあなたの御病気は後者の方であると思います。あなたはどう思いますか。現在は身体が悪いに相違はありませぬ。したがって精神もよくないのでしょうから、あなた自身では身体さえ治るならば、精神も晴れ晴れとして安楽になると思っておられるでしょう。けれども、精神が大なる原因であるとすれば、その方を大いに養わねば、身体ばかりを治そうとしてもなかなかそうはゆかぬのであります。

あなたは不満病にかかっておられるのだと思います。自分の病気について不満を感ずるというのでなく、見るもの触れるものが皆不満と不平の種となっているのだと思います。一事一物、する仕事の一々に不平と不満との付き添っておらぬ時はないことだろうと思います。もしそんな心持ちで毎日朝から晩まで暮らされるのであれば、そんな憐れな悲しいことはありませぬ。そしてそこにはああありたい、こうありたいということが始中終、まといついておるのでありましょう。

子供のことも気になれば、世話も焼けることでありましょう。それも苦しみの一つであります。また夫が思うようにしてくれぬとか、両親やその他の人が自分の思うようにしてくれぬとか、物事が思うようにならぬという悩みもあろうと思います。それで何一つとして面白くない暗い心持ちで日を送っておられることでしょうけれども、あなたはそれをどうしようというのですか。ただ思うようにならぬと腹を立てて、何事をも引き破りたいような心持ちになったり、怨《うら》んだり悲しんだりして暮らしていて、それがどうなるというんですか。それはいたずらに苦を深めるばかりのことであります。

三

あなたが現在の苦悩を処置するのにはおよそ三つの場合があると思います。

第一はその境遇から脱れること、

第二にはその境遇に満足しておること、

第三はその境遇を耐え忍ぶこと、

ざっと三つの場合が考えられます。第一の考えは誰でもが思うようにならぬ時に考えるところでありります、その境遇からさっさと逃げられるものなら、誰も苦しむものはないのであります。しかしそれがなかなか容易《たやす》くやれることではないのであります。いろいろな事情もあるし、それに人間の執着性がそうたやすく離れられるものでなく、その上、脱した後のことなど考えると、ことに女の方にとってはなかなか悩みと悶《もだ》えが多いことであります。それゆえ眼の前にあるものが取れそうで取れぬ悔しさから、ついには死んでもしまいたいと思うようになるのであります。あなたも昔から、死んでしまおうとせられたことが度々《たびたび》あったそうですが、そのことを思い出すと、私はたまらぬほど気の毒に思います。けれどもそれは死にたいのではなくして死んだ方がよほど楽であろうと思うので、つまり現在の苦しみの処分がつかぬ苦しまぎれに、ちょっと死というものを選んでみる気になるのです。もっともなことではありますが、ほんとに死ぬ気ならば、そして身を捨ててかかるならば、脱出することもできれば、その境遇にしたがってゆくこともできるのであります。本当に死ぬ気になれたら、そしてその心で何事でもできたら、それこそ立派なものだと思います。命がけになるからには精一杯、真実なる自分のとるべき道を憶面なくやってゆけばよろしいのです。それは望ましいことだと思います。私は死ぬ気になってやることができぬのでいつも困っているのです。だから死にたいと思うにしても、それが自分の弱みから出たようなものや、逃げたいと思う卑屈な心から出たのならば、それは不甲斐ない最も恥ずべきことであります。それは真面目ではありませぬ、ここはよく考えていただきたいものです。

死を選ぶ心は生き苦しいからでありますが、一歩進んで生き苦しい心を一転して、死を願う代わりに生きてゆくことのできる人間にならねばなりませぬ。たとい病気になっていかに病気が重くなろうとも、臨終の一念まで死を願わずに生きてゆける人間にならねば本当のものではありませぬ。信仰の問題はあくまでも生きてゆくことのできる道を得ることにあるのであります。後生を願うとか往生を願うとかいいますが、生き苦しいから後生へ逃げ仕度《じたく》をするのではなくして、生きてゆくことのできる身になれるのであります。生きてゆく力を得ることなのであります。逃れんとして、死を選び後生を願うような人は、それは待ち遠しくて一日千秋のはげしい苦しみを受けねばならぬこととなります。それゆえ死を願うようなことがあってはなりませぬ。『経』に、

死を求むるに得ず。生《しょう》を求むるに得ず。罪悪の招《まね》くところ、

（『無量寿経』聖典七六頁）

とあります。死を求めて得ざるは一層苦しいものであります、それは罰であります。

自分の罪悪の罰であります。如来を知らざる罰であります。道を求めざるものの罰であります。

衆に示してこれを見せしむ。（『無量寿経』聖典七六頁）

とあります。いわゆる、業晒《ごうさら》しなのであります。自分の業の深いことを人に示して恥を晒しているのであります。よくよく内心に振り返って熟考して、生きてゆける道、救いの道を求めねばなりませぬ。

四

自分の境遇を呪って、逃げようとする人にはいよいよその首に縄がかかります。自由を欲する人にはいよいよ牢獄の門扉は堅く閉ざされます。自由を欲すればいよいよ牢獄と化します。面白い現象ですね。人は利巧そうな考えを抱きますが、いつも下手な結果を摑んでいます、愚痴の衆生というのでしょうね。さっさと一思いに死ねるものなら死ぬことも悪いことではありますまい。さっさと脱出することができるのなら、それもよろしかろうが、思うばかりであってできもせぬことに徒《いたず》らにジタバタして、結句どうもならずに身を苦しめ心を悩ますばかりであっては、つまらぬことではありませぬか。わがまま気ままばかり考えずに、もっとゆったり助かる道を考えて、可愛い可愛い自分を救ってやり、助けてやるようにせねばならぬではありませぬか。いつまでもそんな穴に首を突っ込んで、首を挟まれておらずに、退いてよくよくお考えなさらねばならぬことだと思います。

そのことについては、できるだけの相談相手にもなってあげましょうし、できる世話なら及ぶ限りお世話もいたしましょう、決して捨てておこうとは思いませぬ。

五

第二の場合について考えてみましょう。満足してその境遇におりたいではありませぬか。あなたは、初めからおっしゃるでしょう、そんなことが今の私にどうしてできるものですかと。それはもっともです、今のお心のままではそうお思いなさるに無理はありませぬ。またそんなことは難しいことでありましょう。けれどもできぬものとして決めることはできませぬ。初めからできぬものという錠を下ろしていては、それはできぬに決まっています。そんな錠を下ろさずにまずできると思って下さい。きっとあなたに善《よ》きものが開かれるのです。何事でもできぬと無下に断念してしまうことはよろしくないことです。できぬと決めたことのできるためしはありませぬ。できると思ってやればできるかも知れませぬ。

満足して行けぬというのは、欲望があまりに大きすぎるからであります。強すぎるからであります。考えてごらんなさい、満足しようとすればいささかの物ででも満足できるが、欲望が巨大であればあるほど不満足は強大になります。それがどうして幸福といえましょう。欲望が大であることはあながち悪いというのではありませぬ。すなわちその欲望が自分の楽しみとなり希望となって自分を慰め、力あらしむる時には至極善きことであります。けれどもそれが不満足の苦痛を産むに至っては欲望の多大ということは自分の仇《あだ》となります。すなわち貪欲ということが自己を苦しめているのです。だから如来は少欲知足の行を長く行わせられたと申します。私どもも少欲知足を習わねばなりませぬ。大欲にして不足と不満を感ずるのは不幸であります。

六

忌憚《きたん》なく言えば、あなたは欲が深すぎると思います。その罰として苦しむのではありますまいか。一体、あなたは、それほどに自由を欲し欲望を主張するの価値があなた自身にあるのですか。どれだけの徳があり、どれだけの学があり、毎日どれだけの事をしているのですか。またあなたの内心に向かって、折々は振り返ってみてごらんなさい。夫に対してどんなことを思い、どんなことを考えつつ過ごしていますか。両親たちに対しても何と思って暮らしていますか。なおまた他人に対して何を考え何をなしつつありますか。どこにあなたが、それほどに欲望を満足させてもらわねばならぬ資格を有しているのですか。そんなことは、今日まで考えずともよいこととして、考えずにきたのでありましょう。よしや多少は考えたことがあってもそれはいつも自分贔屓《ひいき》の算用をして、これで十分尽くしているとばかり考えておいでるのでしょう。はたして十分に代償するに足るほどの事をなしてきておるのでしょうか。私は日々不平や不満を思わぬことはありませぬが、自分に静かに省みるとき、私の胸の動乱は静まって、私はひそかに周囲に感謝することのできる幸福を実験しつつあります。そしてその時に私は自分の要求していることが消えてしまって、よう罰が当たらぬことじゃと懺悔《ざんげ》して喜ぶことであります。そしてどうか人々に対してもできるだけ尽くしてゆきたいと願う心が起こってまいります。同時に他より受けているご恩、心の捧げものや行為や物質の捧げものに対して、ひそかに感謝せずにはおられぬことであります。私は時々でもこの思いになれることの仕合せを喜んでおります。それと同時にそれが喜べぬ人々は不幸だと思います。気の毒だと思います。

七

欲望の多過ぎる人は哀れであります。それは常に不足を感じづめで暮らすからです。不足を感ずるのは貧乏人であります。いかに多くの財産を有し、いかにたくさんの衣裳を着飾っても、いかに広大な家に住んでも、皆貧窮者であります。そのみすぼらしい心の姿をごらんなさい。金の指輪をはめたり、光った柔らかい衣裳をつけたり、金時計をぴかつかしたりしていますが、その顔をごらんなさい。その魂の姿をじっと透《す》かしてごらんなさい。多くはボロを着て歩いています。ひもじそうなその顔、物足らぬ顔、物欲しそうな姿、あわれではありませぬか。仏は一切の人を貧窮者と言っていられます。人のことではありませぬ。私は自分の内に、そのみすぼらしい、飢えたあさましい姿を見る時に、惨めさにぞっとします。立派な着飾った貧窮者にはなりたくないものです。この意義において少欲知足は富者であります。

その境遇に満足できぬことは恥ずべきことであります。それは自分の力の足らぬことを表白しているのです。そんな弱い痩せ衰えた魂をどこへ持っていったとて、決して満足のできる時のないのは最も明瞭なことであります。貧弱な魂はどんな器に入れ代えても、どんな錦に包んでもやはり同じことであります。自由にもならねば幸福にもならぬのであります。

満足するところには安心があります。安心のところに喜びがあります。喜びのところに、光があります。光のあるところに力が湧きます。力の湧くところに発展進歩が始まるのであります。

満足は安立であります。起ち上がることのできぬものに歩める訳はありませぬ。それを人は立つことさえできずして走ることのみを欲しています。それだからすぐに躓《つまず》き倒れて、いつも傷だらけになっているのです。

話が脇道へ入ったようですが、諺に「心ほどの世を経る」ということがあります。私はこの頃この言葉を非常に意味深いものとして味わっております。本当に「人は心ほどの世を経る」のであります。とくと考えてごらん、自分のことで分からねば他人の上について考えてごらん。精神の訓練というものの大切なことをしみじみ思います。心が変わってくると、それにつれて周囲と境遇とが次第次第に変化してきます。驚くばかりであります。何と不思議なことのある世界かと思います。しかるに人は小言を言ったり不平を思ったり癇癪《かんしゃく》を立てたりして、自分の心ほどのつまらぬ世界を自分の前に開展《かいてん》させてゆきます。自分の世界を自分が創造しつつ暮らしておるものであります。そして世界が悪い、周囲が悪い、境遇が悪いなどと、呪詛《じゅそ》と愁歎ばかりを発してかこっております。『維摩経《ゆいまきょう》』の「その心《こころ》浄けれ《きよ》ばその土浄《どきよ》し」ということも真にそうだと思います。大悲の如来を信ずる人には大光明の世界が現出してきます。自分が変われば周囲も変わります。周囲の境遇も驚くほどに変わってきます。それを知らずに周囲が変わらぬ変わらぬといって、腹を立てたり不平や不満を言っていますから、いつまでたっても変わる時がありませぬ。

「笑う門には福来たる」と言います。貧相な顔をしている人は貧を脱することができませぬ。そこにも深い訳がひそんでおることと思います。面白いものですね、それもそのはずです、人間の心はその心相応に身体全体の上にあらわれるものです。身体と心との全体はまた顔の上にその縮尺図としてあらわれております。顔の代表しておるものの縮図は目の中にあらわれておるものです。こういうことを知って自分の顔を見てごらん。多くは自惚《うぬぼ》れの贔屓目で善く見ておくものですが、じっと自分の顔を、自分の目を見てごらん、あさましい淋しい貧相な顔をしておるものです。私は滅多に自分の顔をしみじみ見る時がありませぬが、時折じっと見つめていると恥ずかしくなって愛想がつきてきます。あなたもつまらぬ顔の持ち主にならぬようになさい。悪い口を叩くようですが、あなたでもあまり立派な顔じゃありませぬ。生来、醜い方に生まれついておられるのではありませぬか。あなたの精神が長い月日に顔に影響してきたのです。私は人のことを言っていても我が身を恥じます。力なきその姿、病気だから弱いからだとか、何だとか言っていますが、それは病気だからではありませぬ、精神が培われておらぬからです。心の滋養が足らぬからであります。病身にしたのはあなたのその心が原因となって弱くしたのであります。他に原因もありましょうが、必ず、心がその主なる原因の大なる一つであることを忘れて下さらぬように願います。こんな悪口を言うのもあなたの病弱と、あなたの心とを愛するからのことであって、決して憎くて言うのではありませぬ。

八

第三には、満足して暮らすこともできず、さればとて境遇を脱することもできぬとすれば、困りながらも現在のままで引きずりながら耐《こら》えてゆくより致し方のないことなります。まず十人は十人ながらこんな所で日を過ごしておるものであります。煮え切らぬと思いつつどっちへも進むことができずに、まごまごと暗い月日を送るものであります。あるいは因縁じゃと諦めてみたり、業報じゃと諦めてみたりしてゆくものです。つまり晴れにもならず降りにもならず、曇天《どんてん》生活とでもいいましょうか、それは善くないことですが仕方がありませぬ。

九

けれども悲観をせぬようになさい。この世は悲観せぬでもいいようにちゃんとできているのですから。私はご存知の通りの境遇でしたから、随分悲観もしましたが、それは愚かなことでありました。常に善くなるものであります。曇ったり降ったりしている時には、これがいつ晴れるとも分からぬ心地がします。梅雨の時には特にそうであります。けれども日が天上にあるのであるから晴れる時がきっとあるように、苦しい中にも悲しい中にも道を求めて、自分の生きる道、助かる道をと尋ねてゆくことを怠らぬならば、きっと、善き道に出られて、ついには蒼《あお》い空と光の天地に出ることのできるにきまっておるのです。それは自分でそう思おうと思ってもなかなか思えませぬけれども、如来の大慈悲の活動したまう世界なのですから、求めて行くならば、如来の方から、好き方へ好き方へと開導して下さることは疑いないことであります。光に養われて蕾《つぼみ》はだんだんふくらんで花の咲くに至るのであります。私は随分悲観することもありますが、南無阿弥陀仏と称えると楽観するようになるのであります。病気になってもそれはそれが精神上にも無上に善きことをもたらすのであることを信じます。また身体の何等かの上にもきっとよきことと思惟します。腹が下る腹が痛む、常にそれが好きこととなるのであると思います。定めて変なことを言うとお思いかも知れませぬ。よく母や妻なども笑いますが、結句そう思えるのは結構だなあといいます。私はなるべくそう考えるようにします。そしてそう思えることの仕合せを喜びます。またいつでもよくよく考えてみるとそうなってゆきます。そうなっているのであるから仕方がありませぬ。落胆したり心配したり悲しんだりするよりか、いくらかいいかも知れませぬ。私は仏が照護して下さっているんだから、誰でもそう思えばよいのだと思います。そう思うべきことを自分の煩悩毒によってそう思えずして、じきに悲観したり心配したりして、段々に悪くするのではなかろうかと思います。家庭の中の事情でも、同様に常にそう思っております。そしてそうなりつつあります。これは十五年間の経験であります。これも「心ほどの世を経る」ということなのでしょう。

十

人は多く悪い方ばかりを見ていくものです。なぜこう意地悪く、胸狭くできてるんでしょうかと思います。振り返ると真に憐れむべきものです。如来様が「愚痴の衆生よ、あわれなるものよ」と仰せられるのも、もっとも千万だと思います。自分にそういう性質があり、そういう眼しか持たぬものですから、その人に映ずる世界は実際そう見えるのであります。同じ水が魚には住み家と見え、餓鬼には火と見え、天人には瑠璃《るり》地と見えるといいますが、同じ世界を心の開け方によって、すなわち業感によって各々異なって感ぜられるのであります。外形から見ると人は同一の世界に住んでいるようです。けれどもよく考えてみますと、人々は各自に異なった世界に住んでいるものであります。

いかに苦しいといっても、苦しいばかりで生活しておるものではありませぬ。一日の内には、また長い月日の内には様々の喜ぶべきこともあります。そして譬《たと》え方ない仕合せを、一人一人に享有しておるものであります。それを喜ぼうとせずにたまたま喜ぶべきことがあっても、それを当たり前として数に入れずに行き過ぎておるものでありますいかに貧的にできておるかと思います。貧乏は私も随分やりましたが、貧乏も落ちついてくるとなかなか好いところがあります、感謝すべき賜《たまもの》であります。それを蜂を払うように嫌って蛇蝎《だかつ》視しますから、貧乏が蛇蝎となって我が身を苦しめるのです。貧乏をしますと、初めの内は一層我慢が出るものです。我慢が出るから一層苦しくなります。この我慢が貧乏によって打ち砕かれると、今度は貧乏で恩寵《おんちょう》の天地が開かれてきます。この味わいは金や財産をもっておる人の、到底味わうことの許されておらぬ天地であります。

十一

病気でもそうです。我慢を出しますから一層身を苦しめるのであります。我慢という奴は悪い奴であります。それを皆人はうんと多量にもっておるものです。つまり我慢中毒ですね。あなたもなかなか我慢が強いのです。病気がつらいといいますが、いやいや病気よりも我慢があなたを苦しめておるのです。叱られるから叱られぬようにしようとか、心に閉口しておりながら閉口した顔をしまいとか、悪いことをあやまらずに平気で通そうとかするのでしょう。苦しければ苦しいと本真の所をいって、人の許容と助けとを仰ぎ願えばよろしいのです、心底から下って願うならば大抵は都合よくいくものです。それを何につけても瘦せ我慢を出しづめに出すのですから。それがため、何事につけてもいよいよ苦しくなるのであります。

ともかくも、不平があっても不満があっても、せめては自分の身に与えられておる境遇と、人々からきておる厚意とを十分感謝することの習練を積まねばなりませぬ。我が内に省み、眼を新しくして周囲を眺めてごらんなさい。そう人間は不幸にのみ、苦しみにのみできているものではありませぬ。たまたま自分の思うようにゆかぬことがあると、その一つのことによって全体までを葬ってしまおうとするものです。一点の黒雲がついに一天を覆うような風になりやすいものです。それは物と事とがそうなのではなくして実は自分の眼球のせいなのです。全体が有り難いとなれずとも、せめては喜ぶべきことだけなりと、のがさず拾い上げて喜ぶようになさい。拾い上げねばいかに多くあっても我がものとはなりませぬ。そして選び出し、つまみ出し、拾い上げていくならば次第次第に喜びが多くなって、不幸と思っておったことまでが結構な意味をもつようになってくるものです。

どうせ、長い間の悪習慣があるのですから、なかなか早急にはそうなれぬでしょうが、事に触れ時に随ってこの事をお忘れなくば、必ず首肯《しゅこう》される時が開けてきます。

十二

こういうことを申し上げるより、私にはあなたを慰め、あなたを苦悩から救う方法がありませぬ。それは私に方法がないばかりでなく実はあなた自身にもそれよりほかに助かってゆく方法はきっとないことと信じます。さよう、人がどうしてくれたら、境遇が変わってくれたら、身体が強健になったらと、他のいろいろの方法をお考えになりましょうが、それは救われる早道であるように見えて、その山はなかなか超えられぬ横たわりであります。その山は除《の》けることも切り開くこともなかなかできぬものであります。いつまでも山と押し競べをしているようなものであり、泣き泣きその前に立っているようなものであります。それですから、遠回りのようで、また面倒のようですが、私の話している方がかえって早道なのです。

十三

以上くだくだしく書きましたが、ともかくも、あなたがこれによって幾分でも、あなたのお心に新しく気付かれる点ができるならば、私はそれで沢山に思って喜びます。道を辿るべくお心の一転換ができるならば、私の深く満足に思うところであります。要は外囲にばかり眼を向けずして、内らに心の上に眼がとまって、道に一歩歩み出されるようになられたら、私はいかに喜ぶことでありましょう。道、心の道を求むることにお心を懸けて下さい。容易《たやす》く私の言うようになれずとも、道を求むることにお心懸けなさるならば、沢山に書物を読まずとも、またしばしば道を聴くことができずとも、きっと得るところがあると信じます。多く読まずとも多く聴かずとも、道の糧《かて》は気をつけているとそこらここらに落ちておるものであります。

どうか身を養いながら、心を養うことを忘れぬようにして下さい。

御一代記聞書を読む

「くちとはたらきとは、似《に》するものなり。心ねが、よくなりがたきものなり。涯《がい》分《ぶん》、心の方《かた》を嗜《たしな》み申すべきことなり」と云々（『蓮如上人御一代記聞書』聖典八八〇頁）

一

人間と人間とは、行為や口先のことで交通しているものではない。常にその精神と精神との交渉を願っているものである。

何かのためにある物品を貰うことがあっても、欲に眼の眩《くら》んでいる時はともかくも常にその精神のいかんを考えずにはいられないものである。欲もあるが実は心を欲しいのである。何かのために物を捧げるというのも実は物が与えたいのではなくして自分の心を貰って欲しいのである。物を喜ぶことを通して心を喜んで欲しいのが与えるものの願望である。

親や子や兄弟が、互いに優しく言って欲しいと願うことがあっても、それは言葉を得たいのではなく実は優しい心が欲しいのである。親切な心が欲しいあまりにせめては偽りでもよい、優しく、親切に言って欲しいとさえ思うほどに、心を願っているのである。

ゆえに親切な言葉や行為が欲しいのではなく、本当は親切な心がほしいのである。百の虚偽の言葉や行為よりも、一つの親切なる心を得たいと願っているのである。しかるに往々、親子の間、妻子の間、兄弟友人の間にさえ、真実なる心が交換されずに、ただ虚偽なる行為や言葉のみが上手に交換され合うようでは、外観はいかに美《うる》わしく親しげであっても、心の中はいいしれぬ寂寥《せきりょう》を感ぜざるを得ないのである。

二

吾人は他を盲目にし、自分をも盲目にしていることがある。素直に頭さえ下げておればよいと考えたり、口で優しくすればよいように考えて、そういう修養や訓練をして、さも尽くしたように思って、自分の心のいかんを顧みることのないのは他人を盲目扱いにしているのである。しかして人が満足してくれなかったり、喜んでくれなかったりすれば、人を恨み人を罪して、己自身が、行為や言葉によって偽っておることに気付かぬのは、つまり、自分をも盲目にしているのである。

三

人間はそれほど鈍感なものではない、むしろ衷心《ちゅうしん》は極めて敏感なものである。ただ愚なるがために甘さを好む傾向はあっても、決して盲目ではない。

行き逢ったチラとした一瞬の眼にさえ、互いに偽るべからざるものを見、かつ知っているのである。いかに上手に装っても駄目である。装うほどなおよく見えるものである。ただ他人のそれを突き止めることの悲惨と、不利益を知るがために、見ぬふりをして通り過ごしているのである。その反対にいかに不従順に見えてもその精神に存するものは感ずるものである。特にこれは近い者の間においては最も正しく最も敏《びん》捷《しょう》に感得するものである。それゆえ、それは一面には困るようであるけれども一面には幸いなことである。

親子の間、夫婦の間、兄弟の間、友人の間においては実に偽るべからざるものがある。しかるに多くはその近親の間においてさえ誤魔化さんと企てることがある、けれどもそれは必ず失敗である。心と心との感応は電気のごとき速力をもっている。いかに巧みに隠しても腹が立っているならば、直ちに他の心の上に感電する。虚偽の行為や言葉も同様にいかに巧みに尽くしても、その心において真実でないならば、決して他の心を動かすことはできないのである。他人であれば快い言葉や行為でも貰わざるには勝るがゆえに、受け入れはしているけれども、心から感謝してくれるものではない。

それと同様に、たといいささかなりとも、真に愛し、真に同情し、真に感謝し、それが心からの真なるものであるならば、同じく電気のごとく他の心に感応するものである。

四

仏は十方衆生《じっぽうしゅじょう》と呼んで我らのすべてを真実に愛し、十方衆生のために真実心を運び、真実の行為を運びたまいしゆえに、十方衆生は仏を愛せざるを得ぬようになるのである。たとい初めは不明であってもついには如来の真実心を感ぜずにはいられなくなるのである。これは如来の真実心のためであり真実行のためである。真実に愛したるものは愛したるものの勝ちである。真実の愛には焼きつくされてしまうものである。

自分が好きだなあと感じたならば必ず対者も自分を好くようになるに決まっている。親は子を愛しているゆえに、どうしても子は親を離れることができず、忘れることができずして、たといいかなる事情があっても、ついには接近して一つにならざるを得んのである。

人が自分を愛せぬのは、人が悪いのではなくして、自分が人を愛しておらぬ心を有していることから、起こっていることを忘れてはならぬ。

人に親切を尽くして人の感謝してくれぬのは、自分の心において、真実に人を愛し人を思っておらなかったことが原因しておるのであることを見落としてはならぬ。

五

多くの場合、吾人には最も大切な根本的なこの一点が閑却《かんきゃく》されている、すなわち心根のいかんということである。自己の一心の研究をまず第一に怠ってはならぬのである。

しかるに、腹を立てぬようになりたいとか、腹が立たぬようにしたいとか、これほどにしているのに人が喜んでくれぬと歎いているのは、この点が明らかになっておらぬからである。

ここに気がついてこそ、行為も言葉も自然に相応してくるのである。真実なる行為と真実なる言葉でなくては、他の喜び迎えることはないものである。

六

この点について考え、この点から出発しているものが真の信仰問題である。ことに真宗の信仰はこの点においてのみ専ら論じられているのである。涯分《がいぶん》というのは随分ということである。なるべく心の方面を省みて、この一心に注意してゆくことが肝要なことである。

この一心の解決が、自然に吾人の実生活の上において、外的には家族及び社交の上にあらわれ、内的には自己の精神問題の解決ともなり、未来問題の解決ともなるのである。安心ともなり、喜びともなり、力ともなるのである。

一切問題の焦点は、近く内に我が一心の上に存するのである。

現代の欠陥

一

吾人は現代において確かにある欠陥を感ずる。はたしてどこにその欠陥があるか。世界を改造せねばならぬ、社会を改造せねばならぬ、家庭を改造せねばならぬという。はたしてそれらの組織にのみ欠陥があるのであろうか。

それらを改造せねばならぬと感ずるとともに、静かに内に省みて考えねばならぬものがある。

他を改造せねばならぬというのは、あるいは自己のために、自己がその利益の一分の分け前に参加せんがためから出ているのではあるまいか。それならば一個の我欲主義、利己主義から打算したものであって、我利を主張せんとするに過ぎぬのである。そこにはいつまでも、社会にあっても、家庭にあっても暗闘があって、平和と幸福は永久に来《きた》らぬであろう。畢竟《ひっきょう》は掠奪《りゃくだつ》と戦いが残るばかりである。

「衆生を視《みそな》わすこと自己の若《ごと》し」と慈悲哀愍《じひあいみん》の上から自己と他とを一つに見たところの、一切を愛する心から起こったものであるならばともかく、そうでない限り、それはいかに努力しても、おそらくは本真の幸福は得られぬのである。

第一に何故、何故にかくのごとき事を言い出したかを深く考察せねばならぬ。無論、私は世人の言説をとやかく言うのでない。自分自身において、同様に何事についてもそういう思念があり主張せんとする心があるからである。

二

欠陥は自分の外にあるか、内にあるかを熟考せねばならぬ。家庭の組織が悪いから自分が苦しまねばならぬのであると思い、社会の組織が悪いからであると思う、それはまた否《いな》むべからざる事実である。けれども再び内に省みるならば、それは自己の弱きがためであり、貧しき心なるがため、これを他に向かって要求し、かつ強《し》いんとするのであることを知らねばならぬ。されば他を改造する前に、この弱き自己を改造せねばならぬのである。自己を改造する前に、この貧しき心を改造せねばならぬのである。

三

弱者は幾人集まっても弱者である。それゆえ弱者は常に結束して進まんとする。弱者は多数の団結によって他と戦わんとする。けれどもそれは烏合《うごう》の衆である、時にその主張を貫徹することがあっても、いつかは孤々に分離して、ついには強者の勝利に帰するものである。

強者は単独であっても強者である。一人の強者は、たとい多数の弱者のために圧倒されることがあっても、強者は強者である。強者が三々五々集まってこそ永久の強者である。

四

社会及び家庭生活の改造を叫ぶ前に、自己の心の欠乏が充たされ、各人が個々の強者とならねばならぬのではないか。その個々の叫びは決して弱者の叫び貧者の叫びであってはならぬ。

強者であらんことを希《こいねが》うならば、まず初めに自己の本心が強者であるか否かを検せねばならぬ。たといその声がいかに大であっても、その声がいかに強くとも、自己本心の力のいかんを深く省察せねばならぬのである。

生活の不満と欠陥を補わんがために、種々なる方法が講ぜられ努力されつつあるが、それに先だって自己の第一歩に立ち還って注意せねばならぬではないか。

不平不満より出発した努力から、完全なものが生まれることは決してない。

貧しい心であってはならぬ。富者であってこそ他を憐み救うことができる。世を思い人を思うことは富者の心であらねばならぬ。

五

我《われ》、無量劫《こう》において、大施主《だいせしゅ》となりて普《あまね》くもろもろの貧苦《びんぐ》を済《すく》わずは、誓う、

正覚《しょうがく》を成《な》らじ。

（『無量寿経』聖典二五頁）

と、貧苦の二字、ただちに吾人の心中を指摘しているのである。如来は貧苦の二字を

もって我らを呼ぶ、静かに省みて、慄然《りつぜん》たらざるを得ぬものがある。富者はたして富者なるか、貧者はたして富者の自覚ありや。学者はたして富者なるか。政治家はたして富者なるか。夫はたして富者なるか、妻はたして富者なるか。親はたして富者なるか、子はたして富者なるか。貧者なるか富者なるか。富者にして初めて一家を救い社会を救い世界を救い得べきである。富者とは充たされたる心、他に求めざる心、すなわち心力《しんりき》の所有者である。

我ら内に省みてその貧しさを自覚する時、如来の大慈悲に接して富者となり、強者となり、一大心力の人となって、しかして後、一身の上に、家庭社会の上に向かうべきである。

半途学を廃したる友へ

一

もう忘れただろうと言われますが忘れてはおりませぬ。君のことは、私が毎月神戸高商にまいりました時分の記憶に残っている一人であります。というのはご病気に同情していたからであります。しかして早く休学して、静養するがよいと忠告したことも覚えております。その後に「大分よくなったからまたやって来た」と顔を見せられたことも覚えています。危ないものを側から見ている心地であったからであります。そののち故郷に帰って信仰生活をつづけて、心静かに暮らしていられることを聞いてやっと安心したことでした。音信も互いに絶えていますから、自然ご起居の様子も不明ですけれども、何故か時々に思い出すことがあります。

松宮《まつみや》君の死去のことをお知りになったそのお感じを承りまして、一々ごもっともなご感想であると思いました。松宮君より一級上で一年早く卒業すべき君が、病魔のために本科三年の夏休みまで漕ぎつけながら、ついに敗残者となって故山に起臥《きが》せねばならぬこととなったご心中のほどは察するに余りあります。松宮君も卒業の一年程前から病み始めて、休んだり通ったりしておられましたが、やはり卒業だけはしてみたいというので、あまり勉強せぬこととして遊び半分のように気楽に通っていられました。時々信仰上のことや日常生活の心持ちなどをしみじみ語り合い、私は、勉強するな勉強するなと誡《いまし》めておったことでした。やっと卒業しましたけれども、上席で通していた同君の平生の成績とは大差がありました。その後他に勤められましたが、間もなく倒れたので、有為の材を失ったことを誠に惜しいと思います。それから見ると君の生き残っていられることはまだしも、生存欲望を満足しているだけでも、仕合せであると申さねばなりますまい。

二

これと反対に、同窓の友の卒業後の生活と、自身とを比較する時は愚痴多き月日を送られることでしょう。「同窓の友の栄《はえ》ある生活を想像するにつけていかに愚痴多き日を暮らすことでしょう」とのお言葉を見ては、私の胸は塞がります。「もったいないこととは聞きながら、また我が身の不束《ふつつか》とは知りながら、どうして満足な日が送れましょう」とあるのを見るに至っては、ただ「もっともだもっともだ」とうなずくばかりであります。

三

私は今、君の手紙を再三繰り返して読んでいる内に、私の学生時代の一人の友のことが、まざまざと想い浮かんできました。それは「箕輪《みのわ》」という男であります。彼は中学時代からの同窓でありまして、東京の真宗大学へも同時に入ったのでした。卒業に一年を余して彼は病に侵されて故郷に帰り、ついで須磨《すま》の療病院に病を養っていたのです。私は卒業するとただちに急いで彼を訪ねました。それは友人であるからばかりでなく、私が生来弱いのと、半途《はんと》で休学した悲しい苦い味をかつて知っているのと、はるばると遠い故郷を離れて一人須磨に入院して、病を養っている淋しさを想像すると、じっとしておれなかったからであります。私を見た時の彼はいかに喜んだことでしょう。いかに感謝したことでしょう。私はそれを見て嬉しく思いました。けれどもその感謝も喜悦も束《つか》の間のことで、次第に彼は憂愁の悲哀に陥ってゆきました。それは外《ほか》でもありませぬ。

「ああ、君は卒業したんだね。そして誰も彼も卒業したんだね、ああ羨ましいことだ」

彼はそろそろと愚痴をこぼし出しました。

「君は卒業の証書をもたらして帰ったのだね、さぞ、父や母が喜んだろうね」

彼には一人の母と弟とがありました。しかして誰彼も皆彼の卒業して帰国するのを希《こいねが》っておったのであります。わずか数語ですけれども、それは深い切なるものでした。その時私は、自分の卒業したことが友を苦しめる罪悪であるような心地がしたことを今も明らかに記憶しております。実は彼を慰めんとして、淋しき病院生活を賑やかならしめんとして、せっかく急いでやってきたのに、かえってそれが彼を煩《わずら》い多くしたのを悔いました。そうして昼食をともにしたら彼は喜んでくれたから、いろいろ話をして慰めたり叱ったりしたことでした。その間に突然彼はまた、

「俺は死のうかと思うよ」と言います。何故かと聞きますと、

「俺が生きていて何になると思うか、こうやって子供のように人形を飾って遊んだり、杖をひいて散歩をしたり、若い看護婦と友達になってふざけてみたりしていると、人は気楽な人だというけれども、これは皆病を忘れるため、病が治りたいからのことであって、本当に子供のようになれず、なかなか気楽ではないんだよ。そして金ばかり費《つか》って、国の方では母や弟や多くの人々に迷惑をかけ心配をさしているばかりだ。畢竟、社会のためにもならず家庭のためにもならず、自分のためにもならず、ただいたずらに生きておって迷惑を他にかけるばかりである。そしてその上に病が治ったとしても家に帰って奮発して仕事をすることもできず、かつ余命も大抵分かっているとしてみれば、一層のこと病が重くなって早く死ねば、自分も助かり他も助かるのである。一日生きれば一日多く厄介をかけることになるのだ。そう考えると死んでしまいたいと思うことが毎度あるよ」

というのでした。

長い病人としては、実にもっともな心の内だと思いました。かつ苦痛の少ない半起

半臥の状態にあるものほど一層こんなことを考えるようになるものです。

四

私もかつて病気になりまして、医者に止められながらも、勉強がしたくて仕様がないものだから、無理無理に半季以上も通学していました。（それは京都中学時代のことです）ついに病が重くなって、友達に送られて七条停車場から押し込むように汽車に乗せられ、無理に大阪へ送り帰されたことがあります。その憾《うら》めしくなさけなかった悲しみを現に今も覚えています。それきり休学の止むなきこととなった当時は、京都の友人から見舞いの手紙や葉書がくると、始めには嬉しく次の瞬間には涙でありました。友が昨今の動静などを通信してきます、それは私の病を慰めんためでありましょうけれども、しみじみと涙が出てくるのです。ひそかに泣き伏したことが幾度あったか知れませぬ。手紙が来ずとも友や学校のことを想い出すたびごとに胸を衝かれて憾《うら》めしく、果ては病気が腹立たしく、なさけなくなって本当に泣くものです。理屈はよく呑み込んで学業を諦めたのですからその場合、心に篤《とく》といい聞かすのですけれども、何の効験もないのです。

私は今、君の内的生活を承るにあたって、自分の過去を回想し、またその友人のことがまざまざと眼前に見えるように想起されてくるのです。

五

くだくだしくなりましたが、ここで静かに考えねばならぬと思います。考えるということは人間に与えられた天賦の性能であります。吾人を苦しめるものは吾人の思想であります、それゆえ吾人を救うものもまた思想であります。日夜に起こりくる雑多な思想思念に悩まされるのですから、これに対しても忠実にこれを処理してゆくことは最も大切なことだと思います。

六

君は「同窓の栄《は》えある生活を想像して、いかに愚痴多き日を送ることでしょう」と言われました。考えましょう。

人生生活として本当に大切なものは何でありましょう。名誉でしょうか。財産でしょうか。友の栄えある生活というのは一体君には何を意味しているのですか、友が有為の地位に進みつつあるというのですか。友の俸給が累進《るいしん》して思うような数奇な生活を営んでいるというのですか。はたまた智識を得て思想を発展させているのをいうのですか。

自己を尊重し自己に忠実なる者として、栄えある生活とはどんなことを指されるのですか。甚《はなは》だ失敬ですがそれを羨望《せんぼう》されるあなた自身の心は、何を望んでいるのですか。私はこの点については、最も明晰《めいせき》に自覚しておかねばならぬことだと思います。何を栄えある事として認めておるのかを自分に明確にしておきたいと思います。この点が明らかでないために往々にして精神上に混線をきたして、事々に悩まされることが多いのであります。この点が明らかになるならば、たとえ一時は混線したり惑ったりすることがあっても、ただちに立ち還ることができて、引き還して本道に進むことができるのであります。

七

有る者も無き者も同様に生活問題に息をついている今日、経済ということ、すなわち金というものの大切であることは否む訳にはまいりませぬ。人間の欲望の大部分が購《あがな》い得られるのは金であります。苦悩の九分九厘までも金で救うことができるように見えております。けれどもそれが栄えある真実なものであるでしょうか。

名望、それは好《よ》き風姿《すがた》をしております、思うだに快ちよきものですけれども、それを得ることが真に自己を栄えある幸福者になしうるものでしょうか。吾々は静かに忠実に考えねばならぬと思います。

精神上のことについて指を染めたことのない人達は、一も二もなく「然《しか》り」といいましょう。いわゆる、栄えある生活の憧憬者でありますから。けれども君においては、かかることについて考えうるだけの修養と訓練を有する方であると信じます。私も随分惑わされて困ります。ことに年若き君において、覇気《はき》に満てる青年時代においては惑わされやすいことであります。名と利に眩惑《げんわく》されずにしっかり目を張って、弱き足を踏みしめて進むことは大事なことであります。

君の想像するごとく同窓の友人が、しかく栄えある生活をしているでしょうか。仔細に考究せねばならぬことであります。私は望みを達しえなかった病弱者また敗残者としてのみ自分を見ますから、他《ひと》の休まずにせつせつと歩んでいるのを見ると、皆が光を浴びつつ光に向かっているように見えるのでしょうが、はたして幾人の人が栄えある生活をしていますか。あの時代の知った君の友達で、さほど栄えあるらしい生活を営みつつある人を私は知りませぬ。もしも篤と探ってその内的生活に入って見るならば、いかがであろうかと私は案じているのです。人に報告する時は、第三者は立派にいって人を紹介するものです。自分を紹介する時にさえ引け目は見せたくありませぬからね。芝居を見て本当に面白いと思わなくても、自分の観てきた芝居は少しでも好い所があると拡大して報告するものです、それは面白くない部分をなるべく消さんがためであります。霊的生活の深刻なものがなくして、人間生活の間にどこにしかく栄えある幸福を感受することができましょう。もし有りとするならばそれは極めて浅薄な鈍感な人達であります。

たとい自分にも許し、多くの人々よりも栄えある生活として許されている者があっても、それは危うき虚なる栄えではありますまいか。実際は充実味のない魂の弱者ではありますまいか。それは栄えという提灯《ちょうちん》の携帯者である間のことであって、いったんその光の消えんとするか、または消えた時において、狼狽《ろうばい》と失意に陥るがごとき精神の所有者であるならば、それは決して幸福なる栄えある生活といって安心していることはできますまい。多くは第二にすることを第一位としております。お互いは単に物質や名声に憧れておれぬと思います。

かく考えきたる時は、かえって失意者であり弱者であり、病のために跪《ひざまず》き倒れた君が、この事によって倒れざる精神の所有者となられるならば、第一のことを第一として進んだ幸福者となられることであって、それが最も真実なる栄えある生活ではありませぬか。眼のつけどころを誤ってはならぬと思います、本と末とを誤ってはなりませぬ。常に内心の悪魔は吾人につけ入らんとしています、しかして吾人を余道へ引き込もうとします。また私どもの本有の煩悩性は枝末の方へ眼が付きやすいのであります。それは決して幸福なる道ではありませぬ。

かかる問題は順風に帆をあげている人達の夢にも思わぬところであろうと思います。そんな問題には眼を向けていられぬというほどに、何かに囚われ魅せられております。私はかかる人に逢うごとにその人の危険を感じて気の毒に思います。また翻ってみますと、自分の煩悩がやはり羨望の眼をもってそれを眺めていることを知る時、私は最も自分の危険を感ずるのであります。

八

病気の者などにとっては、愚痴も真剣に起こってくる代わりに、考察も深刻にかつ真剣になってきます。これは一面逆境者専有の幸福として、人知れず喜ばねばならぬ所でしょう。痩せ我慢ではありませぬ。「病は善知識《ぜんちしき》也」と古人の喜ばれたのもかかる意味であろうと思います。真実な方へ真実な方へと眼がつき魂が進んでゆくからです。それがなくてはいつまでも「人並み生活」に過ぎぬ無自覚な浮き調子な生活のみを追って、我が生活を検しようとさえせずに行き過ぎるものです。「人並みに」という事を吾人は無上に真実なものとして買いかぶっています。人並みということには善いことも悪いこともあります。人並みに勉強したり人並みに卒業したり、人並みに金持ちになりたい、人並みに生活したいと、何でも他人相場であります。群衆生活のみあってどこにも自己が存在せぬような有り様であります。人並みということを後生大事に自分のごとく心得ているということは、一大欠点であります。自己の存在がないからであります。それはいつでも引きずられ通しで、傷だらけの魂の苦痛を嘗《な》めねばなりませぬ。人間の個人個人は一々に皆光あるのであります。特性もあり、特別の境遇も有しております。皆一人一人が「選ばれたる人」であります。この意味において大いに自己を尊重せねばなりませぬ。

病というものも「人並み」ということを標準とすれば無上になさけないものとなります。けれども人並みに生活するということが必ずしも真でないことを知るならば特に選ばれたる自分の幸福を喜べぬことはありませぬ。誰だって貧や病が好ましいものではありませぬけれども、病によって真実へと進められ導かれるならばそれはまた尊きことではありませんか。

九

単に生存欲を満足したいということを標準とすれば、生き残ることは喜ばしいことでありますが、常に周囲から脅迫《きょうはく》され、内心から迫害されつつ生を貪っていることを知る時は、人間はついに厭世《えんせい》観念に襲われるものです。それが生き残れることを、あるいは喜びあるいは呪う所以《ゆえん》でありましょう。

「死んで行った松宮君は非常に尊い仕事をせられたように思う」と君は羨ましそうにいわれますが、それはなんらかの標準を君が立てて、それに準拠して考えておられるのでありましょう。人間は我が身の弱さを知るようになると、生き苦しさを感ずる所から、自然に生を厭い、楽を未来に期待するようになります。それは邪見でありまます、逃げ心であります。死を願うにあらず、生を願わねばなりませぬ。でないと今の君はどうしても助かりませぬ、往生ということは生まれることであります。未来を望むことは自然の情でありますけれども、未来を持ちつつ現在に生きうるようにならねばならぬのであります。その時に君は救われるのです。

松宮君の臨終の模様いかん、松宮君の死に対する態度いかんと申されますが、それに対して私は今君に報告すべきほどのことを有しませぬ。実は静養中には都合が悪くて訪問の機会がなく、病重しと聞いて訪ねようとしましたら知人達が差し控えるがよかろうというので、ついに逢わずに別れました。岡田先生なり他の知友をたずねたら幾分は知れぬこともありますまいが、そんなことは大した必要がなかろうと考えます。君は君としての道を進まれるのがよかろうと思います。

十

「生き恥を曝《さら》している」とか「業障《ごうしょう》の尽きざるか」といわれますがそれは愚痴です。君のいわれるごとく年寄方のよく言われることです。それを悪いというのではありませぬ。それは人間の本音であります。それが現在の君にも出てくるのです。年寄りも若きも、誰も彼も本音を吐くようになると、皆人間は同じ平面に棲《す》んでいるもので、死同じことを思ったり言ったりしているものです、実にごもっともです。死にたい、死して現在の苦悩を免れたいと希求するに至って、死ねずに生きていることは業障であります。けれどもそれは自我の世界にあるからであって無信の状態であります。死んで楽がしたい、死んで生の悩みから免れたいという自我欲の世界でありますから、業障として苦しく感じられてくるのです。分からずやの欲張屋の気まま者であります、愚痴の衆生であります。愚痴なるがゆえに苦しみ悲しむのであります。けれどもそれは立派なことではなく道にかなった正しき事ではないのです。別に殊勝なことを考えなくてもよろしいが、愚かものよと懺悔して御念仏なさい。気なげな者としてでなく、かかる愚痴者として如来の救済を仰ぐべきであります。まさに如来の本願に帰命すべきであります。

一たび南無阿弥陀仏と如来に帰したる者は、如来を信頼すべきであります。ほしいままに死を選び生を選ぶべきではないと存じます。ただただ如来の命《めい》のままに従うべきであります。如来に依って初めて生きておれる力を得ることであります。十年生かしたまうとも明日死すとも選ぶべきではないと存じます。すなわち一日の生は一日の如来の命であることを自知すべきです。そして病者であっても弱者であっても相応に自分の分に安んじてなすべきことがあると信じます。人のするようにとか、必ずしも人並みにということではなくして、念仏しながらすることがあると信じます。

それ菩薩《ぼさつ》は仏に帰す。孝子《こうし》の父母《ぶも》に帰し、忠臣《ちゅうしん》の君后《くんこう》に帰して、動静《どうじょう》己《おのれ》にあらず、出没《しゅつもつ》必ず由《ゆえ》あるがごとし。（『浄土論註』聖典二〇三頁）

と、曇鸞大師《どんらんだいし》の仰せられた言葉を思い出します。

十一

自殺は罪悪であります。如来に対する反逆者であります。如来を知らざるがゆえです、無信なるがためであります。

如来に帰したものが従容《しょうよう》として死に就《つ》くのも美《うる》わしいことですが、生き苦しき一日を如来に帰托して安然として生きていくことは死にまさる尊き仕事ではありませぬか。他力信楽《たりきしんぎょう》は死すべきに死し生くべきに生くる美わしさであります。すなわち生《しょう》死《じ》を解脱《げだつ》したる天地であります。ただ念仏に生くる者のみ尊いのです、この意味において念仏に生くる者のみが天下に最も尊いのであります。

単に生くることが尊いのでもなく、単に死することが尊いのでもありませぬ。死ぬることも罪であり、生くることも罪であります。すなわち生きても人を苦しめ死しても人を苦しめ、自己に対して何らの意義もなく家庭及び社会に対しても何らの貢献もないのです。生き切れる者となることは死に切れることであります、死に切れる者となることは同様に生き切れる力を得ることであります。それはともに如来の力であります。生き切れぬ人の死は実に死んでゆくのであります。如来によって生き切れる人こそ、死はさらに新しき生にいき生まれることであります。

繰り返し繰り返し、永々と理屈がましく述べました。けれども理屈は大切だと思います、なぜならば吾人人間は多く理屈にいき悩んで苦しむからであります。思念思想に禍《わざわ》いされ悩まされているものであるからであります。

十二

要するに悪いといえば生も罪悪であります、死も罪悪であります。何もかも悉《ことごと》く悪いことばかりであります。ただ一つ如来を信ずることだけが善いことであります。とやかく頭で計らい立てして、如来の本願を信じ得ないことが一番悪いことであります。たとい善と思惟する幾百千のことを積み重ねても、それはこの一つのことに比べものにならないのであります。

ああ！

しかれば本願を信ぜんには、他の善も要《よう》にあらず、念仏にまさるべき善なきゆえに。悪をもおそるべからず、弥陀《みだ》の本願《ほんがん》をさまたぐるほどの悪なきがゆえにと

（『歎異抄』聖典六二六頁）

よしあしの文字《もんじ》をもしらぬひとはみな　まことのこころなりけるを
善悪《ぜんまく》の字しりがおは　おおそらごとのかたちなり
（『正像末和讃』聖典五一一頁）

願力無窮《がんりきむぐう》にましませば　罪業深重《ざいごうじんじゅう》もおもからず
仏智無辺《ぶっちむへん》にましませば　散乱放逸《さんらんほういつ》もすてられず
（『正像末和讃』聖典五〇三頁）

かくのごとく病み、かくのごとく生を永らえしめたまう仏力は、この大事を知らしめたまわんがためと仰がるることであります。

十三

私の現在は、君と同様の病気に悩んでいるのでありませぬから、君の心に添わぬ所があるかもしれませぬが、私はこれ以上に慰めの言葉をもちませぬ。万一にもこれが君の精神生活、求道生活の上に一分の資糧となることもあれば、私は喜ぶことであります。

どうぞご養生を大切に、一日の生を養われることは一日の生の保全であり、生命の保有は魂一つを育て上げんがためであります。とやかくと自我の想念を逞《たくま》しくせずして、ひとえに念仏しつつ、大悲の如来を仰いで、大悲の風に任せて、生きられるだけ生きてゆこうではありませぬか。それが自然に人のためにもなるのです。

大悲の願船《がんせん》に乗《じょう》じて光明《こうみょう》の広海に浮《う》かびぬれば、
至徳《しとく》の風静かに衆禍《しゅか》の波転《てん》ず。

（「行巻」聖典一九二頁）

失明の人に与う

御不沙汰いたしており候う。お友達の方より承れば、いよいよ両方とも、すっかり眼が見えぬようになられしとの事、さぞ御不自由のことと御推察申しおり候う。しかし、外を見る眼がなくなりしだけ、内を見る眼が明るくなったことと存じ候う。内へ明るくなったに二様ありと存ぜられ候う。一つは人の言葉や家のことなどについて、以前よりは一層明らかに感ぜられ考えられてくるのと、一つは法《のり》の眼《まなこ》、信心の眼が明らかになり、我が心中の有り様や仏様の御心のほどが明らかになるのとに候う。ただ今いうのはその後の方のことに候う。他力本願の御恩を知らぬ人達なれば、肉眼がつぶれると煩悩の心眼が明らかになって、それがため事々につけて愚痴多くなって、悲しくなるばかり苦しくなるばかりならんと存じ候えども平生よりご聴聞《ちょうもん》の御身には是非とも良き方にお心得下されたく、決して決して悪しき方に発達したまわぬよう願い申し候う。

私は御説教をしている時、盲目の信者が聴聞していられると畏《おそ》ろしく感じ候う。それは余へ心が散らず、真一文字に心眼を見張って私の心の内を聴こうとしていられるだろうと思うからであります。うかうかしたことがいえぬと思います、眼あきは誤魔化されますが盲目は誤魔化されぬものに候う。

肉の眼玉は煩悩を起こさすものに候えば、仏様がそれを奪って法眼《ほうがん》を明らかに開かせんとし、仏様の御胸を凝視《みつ》めて御心をいただくようになされたことと存じられ候う。

十人並に眼のあいていることは有り難いことなれども、また一方ではこれがためにいかに迷惑するかしれぬものに候う。どうせ目の所為《しょい》ではなく心の所為でありますけれども、善き方に用いるということはなかなか難しいもので、書物を読み、道を修め、学をなすには重宝なれども、この眼のためにいかに苦悩が多いことかと存じ候う。私は盲目のように心を持ちたいと毎度存じます、それは万事に注意深くなることと、真実と不真実とをよく選びわけてゆくようになると思うゆえに候う。散乱心の凡夫としては眼を閉じてさえ、雑念、妄念に狂わされるのに、この眼よりいろいろの誘惑が入ってくるために、真正面に心の道を進むことがなり難く、真正面に仏様に向かいかねるものに候う。本堂の御本尊《ごほんぞん》や御荘厳《おしょうごん》は、見て喜ぶだけのものではなく、最も大事なことは、聴聞して御本願の御旨を我が胸にいただくことに候う。

余へ心を散らさざるためには、失明も喜べる点があろうと存じます。多少の不自由もお念仏とともに辛抱してお喜びなさるべく候う。くれぐれも癇癪《かんしゃく》や我慢《がまん》を起こしたまわぬようになされたく、我慢を去らしむるためのご方便なればに候う。日々の不自由につけいろいろの煩悩や愚痴もさぞかし起こることならんも、起こるたびごとに御本願に向き直りて、ただただお念仏お喜びなされたく候う。

行誡《ぎょうかい》上人は二階より落ちて腕を折り、人が御不自由ならんとお悔やみ申し上げたら、この罪人がこれ位の罰で済めば頂上だと喜ばれたとの事、なしくずし往生じゃ、と喜んで念仏しておられたということは、南條《なんじょう》先生の毎度お話しになることに候う。眼だけの往生ではなく本当に全体まるこけそっくりとなる時がついくることに候えば、余事を思わず御本願をたのみ御恩を喜びお念仏申さるべく候う。

『正信偈』に、「専雑執心判浅深《せんぞうしゅうしんはんせんじん》」（聖典二〇七頁）とあるのを、実如《じつにょ》上人は専の執心とは、忙《いそ》がわしく紛らわしく候ううちに、片ごころに御恩を有り難く思いて念仏申すを、専の執心と申し候う。また雑執心とは、さほどに紛れそうもなきに忘るることを雑の執心とて、おおようにて悪しきことにて候うと申され候う。さほどに忙がわしくもなき身でありながら御恩喜びたまうことなきは恥ずかしくもあわれな心に候う。つまり煩悩ひまなくて苦しめられづめであるからにて、煩悩の真ん中に坐りおるゆえに候う。

何分にも御身お大事になさるべく候う。病気になってはなおさら人の手を煩わし候う。死ねたらよいと思し召すこともあるかも知れねども、病気にはなれても命のある間はなかなか死ねぬもののゆえ、つまりは自他ともに苦を積み重ぬるばかりに候う。命のある内は健康でいよいよ信心増長《ぞうじょう》すべきであります、これ一つが仕残したる仕事に候う。もう御信心は得ているからとか、これで十分だなどと思う心が起こるならば、それは自力にて、きっと助からず候う。御恩喜ぶ心もなく聴聞申す心も起こらず、いつの間にか信心はお留守になって煩悩ばかりに取り巻かれて、お念仏も申せぬほどになるものに候う。くれぐれも、もう外《ほか》に用事はなくなった御身ゆえ、あなたのご用事は専心に信心増長して喜ぶことそれ一つに候う。喜べぬとならばいよいよ信心増長に心掛けたまうべく候う、その事一つが真実に自分のためとなり、また人のためともなることに候う。

どなたかに読んで御もらいなさるべく候う。若い者は忙しきゆえ面倒くさいと申さるるかもしれねども、面倒ならばいらぬとか、とてもする事ならば面倒がらずにしてくれよというのが常なれども、私の知れるある老人は、若い者に面倒がられても腹を立てず、心から喜ばれることに候う。面倒かろう、面倒なのに世話してくれるとは有り難い。面倒ければ止めるのが当たり前であるのに、面倒いと言いつつしてくれるとはなかなか有り難いことじゃと喜ばれるということに候う。物事は心の持ち様によってはどうともなるものだと感じ入り候うことに候う。まずはお見舞いまでに少々認《したた》め申し候う。

子を失いし人へ

一

人間の八苦《はっく》のなかに、さきにいうところの愛別離苦《あいべつりく》、これもっとも切《せち》なり。
（『口伝鈔』聖典六七二頁）

と、親鸞聖人は申されました。いろいろ苦しいことがあるといっても可愛い者と別れるということは最も痛々しいことであります。

人から手紙や言葉によって悔やみや慰めを受けることは、その厚意は嬉しくても、その都度《つど》新しく思い出さされることは切なく苦しいものであります。

想い出すたびに苦しいから、毎日思い出さぬ工夫をしていると承って、いかにもごもっともであると御心中のほどをお察し致します。

病に悩みつつ死にゆくすがたを、じっと見ていることは悲痛至極なことであります、それがついに永久帰らぬものとなるに至ってはいいようのない苦しみであります。けれども、その子を追懐して悲しみ苦しんでいるばかりではならぬと思います。

二

ある人は可愛そうに可愛そうにといって泣きます。けれども死んでゆくことの可愛そうということは、彼ばかりではなく自分もまた遠からず死んでゆくのではありませぬか。彼の若いがために可愛そうであるといっても、人間は五十歩百歩でありませぬか。今日まで永らえたあなた自身がどれだけ幸福であったでしょうか、これは翻って考えねばならぬことであります。それを考えずして、一途に先立ちし者を可愛そうに可愛そうにと思うものでありますが、それは自分が余程幸福であると思っているからのことでして、自分がどれだけ幸福なんでしょうか。ただ一日でも生きていたいと思って生きているに止まって、どこまでいってもこれで好いということはないのです。そして最後は彼と同じ運命に遭遇して泣くのであります。彼が苦しんで泣いて去ったように、同じ轍《てつ》を踏むばかりの事であります。自分自身に立ちかえって考えてみますならばさほど幸福な自分ではありませぬ。ただ命が続いているがために、これをどうにか支えてゆかなければならぬ努力が必要になったり、面白くないがためには種々の楽しみや慰めを求めているに過ぎないのではありませぬか。誠に同情のないひどい事を言うようですが、篤《とく》と考えますならばそうではありませぬか。彼を可愛そうにと思うことは自分を買いかぶっているのです。ただ自分には今後幸福になるだろうという希望を抱いているばかりのことで、事実は予期のごとき幸福はきたらずして依然として苦悩を続けている生活に過ぎぬのであります。自分自身に生存の欲望が強いものですから、その失望を彼の上に見て同情するに過ぎぬのではありませぬか。真に可愛そうなのは、かく歎き苦しんでいる自分自身ではありますまいか。また彼を可愛そうにというならば、生存欲望の不満足に悩みつつ死んでいったその心を不憫《ふびん》というべきであります。

三

可愛そうにと思っていますが、そもそも何が可愛そうなのであるかを静かに熟考せねばならぬと思います。あるいは可愛いものを無くしたという自分の胸の痛さを泣いているのかもしれませぬ。さぞやもっと活《い》きていたかったであろう、こういうこともしたかったであろう、ああいう望みももっていたであろう、苦しいことも多々あったであろうと。けれどもそんなことはだれにもあることであって、またいつまで生きていてもある事であって、いよいよ多くなりいよいよ困るばかりであります。それを今は死んだものの上に置いては明らかに強く認むるに過ぎぬのであります。

自分の楽しみとして、彼の生いゆくことをたのみにしていたのが取り去られたことは、自分の不安であり失望であり、やるせなき落胆である事は申すまでもないことであります。

四

何といっても苦しいのは事実でありましょう。それは可愛い者とどこまでも一処におりたい、別れともないということだけは真に切ない願いであります。歎きでありま す。たとえどんなに難儀であり不幸であっても別れともないのが人情であります。しかるに別れねばならぬこととなり、別れたということは譬えがたない人間の悲痛であります。浄土に倶会一処《くえいっしょ》の徳を挙げていられるのはそのためであります。

五

この世界においで偶然ということはありませぬ。なぜにかかる悲しきことが降り来たったのであろうとお思いになるでしょうが、どうか、何ゆえ自分にかかる事が降り来たったのであるかを十分お考え下されたいと思います。想い浮かべる事の苦しさに、忘れていよう忘れていようとなさるほどのご心中は察するに余りありますけれども、可愛い可愛い人を思い出さぬようにしている事も随分苦しい努力であろうと思います。去りし者を可愛そうにと思うばかりでなく、彼が自分に何を指示しているか何を教えているかを熟考して下さい。

六

彼を思い出すたびに可愛そうにと思うがために、生前彼が好きな草花や食物を仏前に供えて心やりをしたり、彼の好きであった音楽会や浄瑠璃会や追善能《ついぜんのう》をしたりして、彼を慰めたごとく思惟して勝手に自己満足をしたり、それが彼に通じているように思ったりしている人々の多い世の中であります。死せる者がどこにいつまでついていて、能を見て喜んだり、浄瑠璃を聞いて楽しんだり、花を観て慰さんだり、お供えのご馳走を喰って舌鼓をうったりするものですか、それは自分の心持ちであるといいますが、それらは彼を思っているのではなく、皆自分の悲しみを医するなぐさみであり、勝手な心やりに過ぎぬのです。生ける者と逢うような感じをもってやるに止まって、これを宗教思想というならば至極低級な宗教思想であります。あなたはどうかそんなことで自分の受けた悲痛を慰めたり、彼を想う至上の方法だと誤解して下さらぬように願います。

もしあくまでも彼を追うのならば彼を思うならば、彼は去っていかになったかを追究せねばならぬのであります。死苦に悩んで死んだものは永久に苦に入る事でありまｽ、子として永久の苦に入ったことであれば、また真に可愛いというならば彼を救わねばならぬのであります。火の消えたようなものでそれは彼の苦でも何でもないならば、いつまでも追求して彼を恋慕して悩む必要はありますまい。なおかつそれがために心やりをするがために、供花《くげ》、読経《どっきょう》をするというのならば、それは真に可愛いのではなくして自分の道楽でなくて何でしょう、そんな不真面目なことはありませぬ。親鸞聖人は両親の苦悩を思うがために道に志ざされたと申します。法然上人も亡き両親のために道を求められたのです。それは親を愛し親を救わんがためでありました。死んだものに苦しみはないと誰が断言しうるものがありましょう。死んだものは安楽だと誰が断定しえましょう。死んでどうなっているかは分からぬこととするならば、いかになっているかを案ずるはずであります。目連《もくれん》尊者が神通《じんづう》をうるに至って、まず第一にその母を尋ねられたのも、釈尊が成道《じょうどう》してただちに兜率天《とそつてん》に至って母を教化《きょうげ》せられたというのも、その誠意であります。その誠意さえないならば自分に誠意のなきことを悲しまねばなりませぬ。

真宗の教えるところの信心をうるということは、願作仏心《がんさぶっしん》ということであります。願作仏心ということは一面、他を愛し他を苦より救わねばおかぬという度衆生心《どしゅじょうしん》の念願を成就することであります。

まず我が救われねばならぬのです。我が苦しみから救われても彼の苦が救われねばなりませぬ。彼の苦が救われるということは自分の苦がなくなることであります。本願念仏を信ずるのはそのためであります。

七

ある人が玉のような可愛いらしい三、四歳の愛児を失ったとき、罪なきこんな児《こ》が何ゆえ病に苦しめられて死んだのでしょう。これ見て下さい罪のない人形のようでありますと、盛装をさした姿を指さして泣かれたことがあります。私は今にその一家の人々の心を忘れる事ができませぬ。けれども仏の慈光の照らし護られるこの世界に、偶然に意味なく起こる事は一つもないのです。皆私どもを育て上げげんとしての深い意味のあることと信じます。

彼は我に何を語りつつあるかであります。

八

私どもは色盲のごとくであって、ありのままの自分や、ありのままの人世《じんせい》というものを見ることなしに過ぎているものであります。それが長い生活の間に種々の事柄に遭遇してその真相に目醒めさせられるのであります。

目醒めぬがために苦を自覚せず、苦を自覚せざるがためにこれを解脱《げだつ》する道を求めないで、いつまでも同じことを繰り返して苦しみ悩んでいるのです。そこへくるといかにしぶとい者かと思います。よほど手厳しい手痛い事でなくば、この眼は開かぬのであります。種々の逆境苦境というもそのためであります、愛別離苦《あいべつりく》というもそのためであろうと思います。きっとこのたびの事について、切ない悲痛によって、あなた自身の内に親しくお気づきになった事が必ずや多々ある事と存じます。

大慈悲にましまする御仏の心としては、可愛い私どもに対して、かかる悲痛を味わわしたくはないのでしょうけれども、それは私どもが余り頑愚《がんぐ》であるがために、相当の方法を講じられてあるのだと信じます。それは肉親の者の死別によってでなくては、片腕を割かれるような痛い目でなくては醒めぬためであります。死ぬのは多く一番可愛い子が死にます。そこにも深い訳がありましょう。

頼りにして安心と楽しみにしていた事の誤りであった事を、お気づきになった事は申すまでもないことでありましょう。私どもは他のものに頼って安心していてはならぬのであります。それは一時的には安心でありますが、絶えざる動揺と不安を感ぜねばならぬのであります。それは安心ではなくして苦しみであります。私どもは他に頼るべからざるものとすれば、何に頼って安心すべきであるかを考えねばなりませぬ。道を求めて別に出発せねばならぬのであります。

九

十

彼の悩んで去りしごとく、自分自身においても早晩すべての愛すべきものと、愛すべき人生とに別れねばならぬことを覚悟せねばならぬのでありました。しかしてその時に悩まずに去り得る身にならねばならぬのであります、いかに生存の欲望があっても去るべき時には去らねばならぬのであります。理屈は誰も十分承知していますが、実際の自覚というものは近い者の死別によって与えられるものであります。しかるに切ない近親の者の離別に逢いながら、容易にそこに自覚しがたいものであります。
思い起こす事の悲痛なるがため、これを忘れんと努むるがため、せっかくの機会も幾たびも皆無駄になるのであります。かえってそれがため、いよいよ邪見になったり、我慢になったり苦しみに沈みゆきなどして横へ外《そ》れてゆくものです。

十一

愛するものと別れる苦痛は、愛するものと別れともない、常に一処《いっしょ》にいつまでもおりたいということであります。けれども一処にいる事の許されておらぬ世界でありますす。別れねばならぬ苦しみを有する自分であります。ゆえにこの苦しみのない世界、再会の世界に生まれる身になる事を願い求めねばならぬのであります。

十二

先立ちし我が子は、それらの事を彼自身の上に示して、これを教えてくれているのであります。生存の欲望をいかに祈念しても去らねばならぬこと、去るに臨んでも悩まぬ身にならねばならぬこと、病気の中にはいかに処すべきか、愛するものと別れる苦痛を抱ける者はいかなる道を求むべきかを注意してくれているのです。これを教えんがために人生に出で、子となって長らくの努力と勤労をして、正に親の向かうべき道、求むべき道を指示しているのであります。命がけの努力ということはこの事でありましょう。人生一生の事業として一命を賭して我がために尽くしてくれているのである事を知れば、可愛そうにと彼を憐れみ、何かを与えてやりたいように思っているのは、まったくの誤りであって、実は大なるものを与えられていたのであります。これが彼に対して感謝せねばならぬ理由であって、また彼を通じて如来に対して感謝せねばならぬところだと思います。如来は私自身を愛するがために、苦より解脱《げだつ》せしめんがために、大道を得しめんがために、彼を遣わし彼をして大任を尽くさしめて下さったのであります。しかるに彼によって向かわしめられていながら道を求めずして、いたずらに彼を忘れるに至るならば、あるいは忘れずとも依然として自己の道を求めぬならば、彼の一生の努力は水泡に帰して、真に彼をして犬死をさせたこととなりおわるのであります。

十三

彼の一生懸命の功労を徒労にしたくはないことです。彼を彼として活かすか殺すかは、自分のいかんに結帰することとなります。彼を愛する事の真ならば、自分の道を求めて他力念仏の信心に入って、自らが救われる身となり彼を救い得る身となる事が、彼を想い彼を愛する道に契《かな》うわけであります。

そこに初めて涙ながらにもまた彼を如来の化現《けげん》として、報恩の心を運び、合掌して如来に感謝すべきであります。

彼は明らかに我が子であり凡夫であり人間でありながら、如来の化身であります。我が子であるがゆえに救われねばならぬのであります、如来であるがゆえに感謝礼拝《らいはい》するのであります。

十四

菩薩は生死《しょうじ》の苦海《くかい》に入《い》って衆生《しゅじょう》を化《け》すと申されてあります。我が子としての彼は人間としての苦しみと悩みとを現実に味わい、芝居ではなく真剣に苦しみ悩んで下さるところに、初めて私どもの眼が開かれるのであります、導かれるのであります。

されば我が子として彼を思う上からは、彼を救わんがために自分が道に入って救われねばならぬことであります。また如来の化身として見るならばこの事によって自分自身が生死の苦より救われる身にならねばならぬことであります。他力の信心、真実信心を獲得せねばならぬということは、いずれから考えても最も大切なる事であります。

十五

月日がたつとともに、忘れまいとしても忘れるものです、それは如来に対しての忘恩であり、我が子に対しても済まぬことであります。

それゆえ、年忌仏事を営むのはこの思念を新たにして、自己の求道を怠らぬようにするのであります。しかるに強いて忘れようとつとめられることは、葬らんとせられることではなかろうかと思います。葬ることは酷なることであります。もちろん、酷なる心から葬ろうとせられるのでないとは無論のことであって、余りの悲しさ苦しさのために、この苦を一時でも軽くせんとする堪えがたきお心からでしょうが、強いて忘れようとつとむることはかえってなさけなき淋しさと苦しさとを免れることはできますまいと思います。

どうか想い出されるたびごとにお念仏をとなえて下さい。お念仏をとなえつつ本願に向かって下さい。想い出すごとにいよいよ真の道に進んで下さい。自分を真実に完成せねばならぬ救われねばならぬと、たゆみなく進んで下さい。おそらくはそれが可愛い彼と逢う唯一の道であります。可愛い彼と別れた悲歎が感謝になるまで、別れた悔しさが喜びとなるまで、南無阿弥陀仏はついにあなたの胸にそれを持ち来たらさるることと信じます。

第三眼

一

私どもの肉眼。これを第一第二と数えるならば、見えざる眼、それを今第三の眼と名づけようと思います。

顔面にかがやいている二つの眼玉は実に面白いものであります。彼らはいかにもよく働きます。けれどもそれは外に向かってでありまして、内に対してはまったくその働きをしないのであります。私の肉眼はつい近くにある脳の一部をも見ることができないのであります。

私はこの肉眼というものが、いかにもよく私の内性を代表していると思います。外は見えるが内らは見えない、前方は見えるが後方は見えないのであります。

外に対しては実に鋭いほどよくはたらいて、望遠鏡などを用いるならば、遠隔のもののみならず、天体までも見るのであります。もし顕微鏡を用いるならば、どんな小さなものでも明瞭に見ることができます。すなわち外に対し他に対してならば、微を極め細を尽くして見ることができる作用をもっているのであります。しかし、内部に向かってはまったくの盲目であります。眼は自分自身を見ることができないのみならず、隣の鼻をも口をも見ることができません。鏡に向かえば見えるようでありますが、それは眼や鼻を見ているのではなく、鏡面に映った像《すがた》を見ているのであります。

二

昔は、市中でもそうでありましたが、自分の家の格子の間から、道を通る人や向かいの家の様子などを見ていたりしたものであります。現今では時代が忙しくなってそんな呑気なことをしているひまはありませんが、なかなか面白くてやめられないものです。まったく活動写真でも見ているように画面に変化があらわれて面白いものです。今でも田舎へゆけばかなりまだやっている人があろうと思います。

向かいの家を毎日のぞいていたというのです。そして家内中でいろいろと話し合って、いや今日は男の人が入ったとか、女の人が来たとか、あの人は親類の誰それであるとか、毎日いっていたのでした。ところがその家の障子の破れている事から深刻なる批評が始まりまして、とうとう向かいの奥さんの批評となったのであります。一体あの奥様はだらしのない人だ。随分たくさん破れているではないか、破れは一つや二つではない。あんなに破れているのに繕《つくろ》いもせんのはひどい、あの破れているのは昨日や今日のことではない、いつの昔からか破れているではないか、張ればいいことを、せめては繕いでもすればよいのにふしだらにも程があると一人が言えば、また一人が付け加える。向かいの奥さんは、障子は破れたままにほっておいて、自分は毎日毎日お化粧をして、衣裳をこらして、よく出てゆかれる。自分はおめかしをするが、あの障子はどうだと、それからそれへとさまざまに嘲《あざけ》っていたのです。どうせ、こんな時は人の善いことを褒めなどはしないもので、悪い点ばかり数えあげていたのであります。しかし、そういっている自分達は、どこから見ていたのかというと、何ぞ知らん、自分の家の、格子の破れからのぞいていたのでした。これは私の小さい時聞いた話であります。

おかしな話ですけれども、決して笑いごとではないと思います。人間は一般に皆これでありますо向こうは見えるが手前は見えないのであります。手前が見えたら、そう呑気に人の上を批評などばかりしていられないのであります。

三

私の学生時代にこんなことがあります。友達が一緒になって使った金を、四、五人に請求したのであります。四、五人に割り当てるのですから端銭《はせん》がつくのです。ある一人は端銭をつけずに持ってきました。その男はいつも何とかかんとかいって五厘か一銭の端銭を出さぬ男であります。その後、皆が集まっている時、ふとその事を言いますと、他の友達は、ほんとにそうだ、彼奴《あやつ》はいつもそうだ、五厘や一銭くらい何だ、ちゃんと払えばいいのに、ほんとにずるい奴だ、ケチな奴だといいます。また一人は俺も、ソラどこへ行った時だよ、あの時の計算にもかくかくであったと、四、五人の友が皆そういって、彼奴はずるい奴である。汚い奴である。五厘ぐらい何だ、一銭くらい何だ、俺の方は五厘や一銭はどうでもいいんだけれども、と皆が口々にいっているのであります。その時、私はふと気がついたのであります。今、異口同音に、五厘くらい一銭ぐらいといっているがその五厘くらいがいつまでも忘れられない自分らであることを発見したのであります。本当に五厘一銭ぐらい何でもないのならば、そういつまでも記憶しているはずはないのである。それを一月経《た》っても二月経っても、乃至一年経っても忘れられないのではないか、そしていつまでもその五厘一銭にひっかかって悩まされている。ケチな奴、汚い奴は自分であったのである。彼は忘れているかも知れないのに、こちらはいつまでも、何月何日と日まで記憶して、思い出す度に新しく苦しんでいるではないか。ここに集まって批評している人々は、自分こそはそんな心は持たぬと思って、彼のことをいっているが、実はその悉くが皆、彼と同じく汚い奴であるのであります。すなわち、自分の障子の破れから他《ひと》の破れを評しているのであります。自分がケチであるから人のケチが見えるのであります。自分が汚いから人の汚いのが見えて腹が立つのであります。

四

自分を見ると困るものですから、たいていは見ないようにするものです。でも、おぼろながらにも多少は見えるものですから、自分に対してはいつも眼を閉じておくのです。それがため眼は外にのみ発達して内に発達しません。内面的には、いつまでも暗いのであります。てんで自分は見ないことにしたり、論じないことにしているのであります。

ある日のこと、台所で盛んに話し合っている声がします。それは妻の親しい友達が来ておるのであります。余り盛んらしいので、書斎の用事に疲れてきた私は、ぶらっと台所へ顔を出しました。だまって二人の側の火鉢の横に坐ったのであります。二人はそれを知らぬのではありませんが、ほとんど知らぬもののように互いにしゃべりつづけているのであります。何を熱心に言っているのかと思うと、盛んに女の人の批評をしているのであります。誰それは顔は好いが鼻が低いとか、顔はいいが惜しいことには髪が悪いとか、鼻は好い鼻だけれども口が大き過ぎるとか、眼が細いとか、顔が長いとか短いとか、互いに自分の批評眼がさも勝れてでもいるように、また互いに同感であることを喜んでいる様であります。私はおかしくなって、二人の顔をじっと見入っていました。妻の友というのも親しい人ですから、私がつくづく見入って笑っていても、何とも思わずに、調子づいて話しています。私の妻というのはご承知のごとくいたって醜い方です。友というのも随分面白い顔なんです。ですからその顔を眺めつつその話を聞いていると、自然とおかしくならざるを得ないのであります。私は耐えられなくなってついに口を入れました。

「人のことばかりいっているが、一体お前らは自分の顔を何と思っている。それでも十人並だと思っているのか」

といいますと、その答えが面白い。

「それは十人並だと思っています」

「私だって、そう思っています」

「そうですわねー」

互いに顔を近づけて

「え、え、そうですわねー」

私はびっくりしました。それでこそ人のことを大きな声して言えたものだと思いました。

「なあ、特別に美人だとは思いませんが、化物のようだとは思いません、まず十人並と思っていますわねー」

「本当にそうですわねー」

とつけ足して言い訳をしているのであります。

私はこの二人の話によって、自分だってそうだということを余程明らかに知らされたのであります。自分のことは棚に上げておいて論じないものです。それは悪いとして棚に上げたのでもなく、正しく批評して棚に上げたのでもなく、所謂《いわゆる》十人並として当たり前として上げておくのであります。本当に見ないのであります。見ようとしないのであります。否《いな》、見えぬのであります。ちっとは棚から下ろして批評し、訂正もしたらどうかと思います。風呂屋話に井戸端会議といいますが、自己を見ないで人のことを批難しあっているほど面白いことはありません。人の悪口と煎り豆を食うことは始めたらやめられぬといいます。

人が悪い。社会が悪いと、眼はいつも他《ひと》に向かい外に向かいますが、あくまでも自分に向かい内に向かうことは難事であります。人生をいかんせん社会をいかんせんと、世話人ばかりの多い世界であります。

五

どうもいけないと、寄り合うとよくいい合わす。どうもいけないとか、どうも面白くないとかいっております。社会がいけないとか、どうかしなけりゃいかんとかいっております。しかしどうしたらいいのであろうか、どうしようというのであろうか。交通を便にしたり、社会改善をやったり、物質的のことは何とかできましょうけれども、御本尊はやはり人間であります。ですからまず第一にその人間の精神を本位として何とかせねばならんのであります。それが思想問題であります。

十人の一社会があるとします。十人の内の一人はいいます。俺の面白くないのは、社会すなわち他の九人がいけないからだ、であるから九人を何とかせねばならんといいます。第二の男は、俺の苦しいのは他の九人がいけないからである、それはかくかくであると、その欠点を指摘してこれが改善に努力します。第三の男は、俺の困るのは他のものが悪いのである。それゆえ彼らをよくせねばならん、しからば自分も安楽になる、皆も安楽になるに違いないといいます。第四の男も、我々の悩むのはこの団体の全部がいけないからだ、この団体、この社会が善くなればそのうちの俺も自然好くなるのだとかかってゆきます。理論としてはもっともであります。社会を善くすれば、その社会の一員である自分も幸福になり安楽になるに相違ないのであります。ところが十人が十人ながら、社会をよくすればということは、自分を除いた他の九人をかえることであるとすると、改善されるものが一人もいないこととなるのです。それでは他に対して抱いている各自の意見が十種あって、この主義主張が戦うばかりになります。これではいつまでかかってもその社会の好くなることはなく、自分の幸福になる気遣いもないこととなります。

十人といったのは、一家庭であります。十人とたとえたのは一団体であります。一社会であります。一国家であります。

このままではいけないということ、このままでは自分及び自分達が困るということ、この団体を何とかせねばならぬということについては、十人とも同様であります。この点において十人は和親協調するのであります。けれどもいよいよ着手することとなると、戦いのほかはないのであります。そしていつまでも善くならぬのであります。それは自己の何物であるかということを忘れているからであります。この意味においても、棚に上げてしまってある自分を前に出して、これからまず批評し始めねばならなのであります。人を言う前に自分を何とかせねばならぬのであります。自己を見る眼が確かでなければならぬのであります。自己を思えば社会を思い、社会の中には自己があり、自己の中にも社会があるのですから、社会の九人を担って自己がまず立たねばならぬのであります。眼は自己に、眼は内らにまず開かれねばならぬということを、かかることについても切に思わされるのであります。

六

自分を幸福にしよう、道を得ようと願うならば、まず自分自身の見える眼を開くことが、第一に必要なことであります。自分は苦しんでいるのか、安らかであるのか、自分は幸福であるのか、不幸であるのか、自分は善人であるのか、悪人であるのか。

罪が深いのか、罪がないのか。ほんとうに安心しているのか、安心しておらぬのか。自体いかにと、自分を見る眼、この眼が開かれ、この眼がいよいよ明らかになって、鮮明に自分が見える様にならねば、道に進み道に達することはできないのであります。外に向かった眼が、内らに転回せねばならぬのであります。

外方《そと》にのみ光り輝いている眼が、内方《うちら》にも照す様にならねばならぬのであります。それを心眼を開くというのであります。私はそれを第三眼と名づけたのであります。この開眼が第一の必要条件であります。開眼されたこの眼がいよいよ明らかになり、進展するに随って第四眼、第五眼というように名づけてもいいと思います。眼の転回、心眼の開眼がなくしては、いかに道を聞いても駄目であります。道を聞くのはこの眼を開くためであります。この眼は開いたようでもすぐ塞いでしまって、なかなか開かぬものであります。たとい少しは開いても進まぬものであります。ぼーっとしがちで分明にならぬのであります。

七

人のことはよく見えるものであります。ことに女同士は他《よそ》の人をちらっと見ただけで、髷《まげ》はどうで、襟《えり》は何で、鼻はかくかく、口はかくかく、衣服は何、帯は何と、私はいつもその炯眼《けいがん》に驚かされることであります。男でも人のことについては、随分、細大漏らさず見ています。人の家や、人の容貌を見るだけでなく、この眼は人の心の奥まで見破る鋭さをもっています。あの人はあんな顔をしたが、あれはどう思っているに相違ないとか、あんなに温和な顔をしているけれども、なかなか油断はならぬとか、何とかかんとか、そのかすかに動かした眼球の運動によってさえ、彼はどんなことを思っているのであると、ちゃんと人の心まで見抜く眼をもっています。それほど微妙に、かつ鋭くはたらきますけれども、これが一たび自分のこととなると、もうさっぱり盲目であります。ことに「我《われ》」という一字がつくとさっぱり駄目になってしまいます。

「我が」と名がつくと、自分の罪も見えず、悪も見えなくなります。また乱視のごとく、一つの善いことが二つに見えたり、三つに見えたりします。人の悪いことも一つが二つにも三つにも見えるのであります。時には自分の悪がかえって善に見えたりするのであります。自分の愚が賢に見え、自分の非が是に見えて我慢や高慢が出たりするのであります。

「我」という名がつくと、もう無茶苦茶になります。自分も見えなければ他も見えなくなります。大でこの、他人からは義理にも可愛らしいといえない様な我が子が、可愛らしく見えたり、低い鼻が高く見えたり、馬鹿な子でも賢く見えたりします。立派な家でも人の家には難癖をつけますが、我が家はまずくとも好く見えます。親でも、兄弟でも、友達でも、下女でも、下男でも、犬でも、猫でも、「我」という名がつくと皆善いのであります。だから他人が、それらの悪い所を悪いと評したりしますならば、けしからぬと本気に腹が立つのであります。本当に「我」という字は心眼を覆う目隠しであります。

八

生まれながらの眼であるならば、いかに鋭いといっても、それは「我《が》」に覆われたままの発達に過ぎぬのであります。その目隠しを取り去って、自己の本性を見る眼が与えられ、他の本性をありのままに、自他の真相すなわち、法を正しく見る眼を与えられるのが、信眼を与えられたということであります。これは教えを聴くことによって、仏によって、開かれ明らかにされてゆくのであります。この法を正しく見る眼、仏を見る眼は、先覚者によってでなくてはなかなか開かれないものであります。親鸞によって、釈尊によって、すなわち法蔵菩薩《ほうぞうぼさつ》の本願の由来を聞くことによってでなくては開かれないのであります。救いはそこにあります。

いくらかは、長い人生生活によって内省や反照をさせられることもありましょうけれども、自己の真相にふかく徹底することは、なかなか、自己のみの瞑想や努力によって開くことはできぬのであります。よしや自分だけは見えても他に充ち満てる大法は見ることはできないのであります。それが教えによって、与えられたる信の眼によって、はじめて見ることができるのであります。

九

眼のことをいうと、私はいつも「壺坂霊験記《つぼさかれいげんき》」のことを思い出すのであります。よほど前のことでしたが、私は文楽座に壺坂の一段を聞いたことがあります。いや人形を見たのであります。盲目になった沢市は、妻のお里が我が家に帰ったあいだに、谷へ飛び込んで気絶してしまったのです。お里は帰ってきて、それと察して、つづいて谷に飛び込んでまた気絶しました。しばらくすると、観音様の霊験によって、二人は蘇生したのであります。すると沢市の眼が不思議にも開いて、さも珍しそうにそこらを見まわして、ついにお里を発見したのであります。お里は「あら眼があいたあいた」と雀躍《こおどり》して、沢市の側《そば》に走りよって喜ぶけれども、沢市は見知らぬ一女性の親しげに近よるのをかえって怪しみ「あなたはどなたでございます」というようなことをいうのである。見物はどっと笑う。「いえ、わしはお前の女房のお里じゃわいなあ」といわれて、沢市は初めて我にかえって喜び、「これはこれは、初めてお目にかかります」と挨拶をしたのである。この一場のかなり不自然なる技巧的な滑稽に、観衆は一時にどーっと笑ったのであります。私も一緒に笑ったけれども、次の瞬間に閃《せん》光《こう》のごとく胸を衝《つ》かれたのであります。それは沢市の眼の開いた感じは、いろいろの意味において「初めて」であろうが、自分の女房についても、ほんとうに初めての心地であろうと思ったのであります。眼の開いたとともに疑いも開いたのでありましょう。真の女房に初めてお目にかかったのであります。女房であるその事が滑稽でもあるが、私には特に意味深く感じたというのは、自分の最も近くに常にいる女房に対してであることが、ひどく私を感じさせたのであります。私どもは自己の真なる魂に出遇ったことがなく、常に連れ添って歩いておると思っているけれども、その魂はいまだかつて出逢ったことがなく、本真の自己を見たこともないのではないか。朧《おぼろ》げに逢ったり、時々逢っているように思っても、はっきり眼を開いて見たことがないのではないか。最も親しい、最も近い我が相《すがた》に眼が開くこと、それは大切なことであると思ったのであります。

十

批評眼といいます通り、批評する眼によって、その人の人格程度を明瞭に白状しているものであります。人格の高下ということをいいますが、その人が自分自身をいかに批評しているかによって、その人の人格の程度が分かります。またその人が他人をいかに批評するかによって、その人の人格を知ることができます。起こりきたる事件をいかに批評しているかによって、その人の人生観を知ることができます。美術の鑑賞のごとく肉眼に関した問題についても実はその人の心眼がいかほどの程度で開けているかが分かるのであります。要するにすべては眼の問題であります。心眼の問題であります。

十一

『大無量寿経』の中に、菩薩の徳をたたえて、

心に仏法《ぶっぽう》を修す。肉眼清徹《にくげんしょうてつ》にして分了《ぶんりょう》せざることなし。天眼通達《てんげんつうだつ》して無量無限

なり。法眼観察《ほうげんかんざつ》して諸道に究竟《くきょう》せり。慧眼《えげん》真を見て能《よ》く彼岸《ひがん》に度《ど》す。仏眼具足《ぶつげんぐそく》して法性《ほっしょう》を覚了《かくりょう》す。（聖典五四頁）

と、肉眼といい、天眼といい、法眼といい、慧眼といい、仏眼といって、眼ということで説いているのであります。種々の眼を得ること、眼の進展であります。吾人は今どんな眼を持っているかということを反省せねばなりません。

普通以上の良き眼を得ること、正しき眼、勝れたる眼をうること、これ一つによって、あらゆる問題は解決せられ、幸福は得られるのであります。求道というも、要はある眼を得ることであります。修道ということは増々眼の透徹にされてゆくことであります。

不動の心

一

びくびくする心は、私にだってあります。誰だって多少ともあるのだと思います。いかに気強い人だって、人間としてびくびくせぬものはありますまい。ただ性質と境遇でその度合いが違うだけのことだろうと思います。

びくともせん、という人がありますが、それは性来の鈍感なるためか、その人が悪《わる》度胸《どきょう》を据えているのでありましょう。悪度胸は据えたくないものです。ことに女の人の悪度胸の据わったのはいやなものです。やはり、びくびくする時には、びくびくすることが好いと思います。懼《おそ》れるとか驚くという事は、どんな哲学者にもあるということです。驚くべきには驚き、懼れる時には恐れることが、人間らしくて好いと思います。真の哲学者にあっては、それが直ちに平気に還《かえ》れるだけが常人と違うところだそうです。してみれば、お互い凡人が物に驚き恐れるのは至極当然なことであります。

けれども、あなたにあっては、あまりにびくびくし過ぎるように思います。常にそんな風に見えているので、痛々しく思っておりましたが、それが一番苦しいと聞きました時には、本当にそうだろうと思いました。そして、どうすればこれが治るであろうかと聞かれたのには、ちょっと困りました。それは一言にして言うことができぬからであります。しかし、いくらか、自分の経験もあることですから、察せられぬこともありません。それについて、うまい方法を一言にして指示する事はできませんけれども、お互いに自分自身の内心にとくと省みればその原因がわからぬことはあるまいと思います。原因さえ分かれば結果は得られるにきまったものです。

二

第一は、生まれつきの性質にもよると思いますが、敏感であって、そして気が弱いからでありましょう。それゆえ鈍感な人を見ますと気楽に見えて羨ましく思い、気強い人を見てはあんなになれればいいと思うことさえあるものです。けれどもまた一面は鈍感な人の人間らしくないのには飽きたらぬ感じもしますし、気強い人を見てはいやな思いがします。してみれば自分の性質を呪うことはよくないことであります。生まれつきの性質が悪いのではありません。それを苦しむ原因は他にあるのだと思います。自分の本性は素直に養ってゆくべきであります。男でも同じでありますが、女の方にあっては、とりわけ、そうありたいと思います。男であっても女であっても、びくともせんようになったら、それこそ小面憎《こづらにく》いものでありましょう。たとい他の人がびくびくさすのであって、やはり、びくびくする方がありのままであり素直であると思います。これは全くびくつかぬようになることとの、必ずしも好い事でないということを言いたいのであります。けれども、年中何事にもびくびくして苦しんでおってはやり切れぬものであります。せめて根底からの動転だけはせぬように踏み止まるものがなくてはならぬと思います。たとえ外からの刺激には動揺させられても、中心には不動の根底がなくてはならぬと思います。

私は弱い人間でありますから、何事にでもすぐびくつくのであります。それがためにかえって反抗的に、また自分のこの苦しさから免れんがために、強い顔をしたり、びくつかぬような風をすることがありますが、自分にそれが知れた時は嫌な気がします。そしてそんなことを人の上に見るときは、何という不正直な、みっともないことであろうかと忌憚《きたん》するのであります。他人《ひと》のことはよく見えすくものですから、私が妻子や家人の前でそんな態度を表す時は、さぞ見にくいことであろうと恥ずかしく思います。男としてはそれがかえって妻や家人に見くびられる点となり、女としては夫や家人に一層軽蔑されることとなるのであろうと思います。

三

第二には、身体が弱いためでもあろうと思われます。弱いものは神経過敏でありますから、感じ易《やす》くて強くこたえるのであろうと思います。一概に神経過敏のためだと、他人《ひと》から言われると腹が立って、そうではないと思いますが、あながち弱いためばかりではないとしても、多少は関係があるに違いありません。健強な人は虚弱な身体の所有者よりは気がつよく、過敏でないことは事実であります。もしそうであることを自覚するならば、自然のこの苦しみを軽くするためには健康に注意せねばならぬと思います。けれども身体が弱いからといって、どうしても、不安や恐怖が去らぬとは限らぬと思います。ある人々は弱いためであると気づくと、一途に健康さえよくなれば、苦しみはなくなるに相違ないと早合点して、健康ばかりを得ようとあせる人がありますが、この考えはなお一考も二考もせねばならぬと思います。その点について、私はこれから考えをすすめてみようと思っているのであります。

四

第三には、境遇であります。すなわち習慣ということであります。習いは性となるという諺の通り、女の人であれば、主人から毎度叱られ通してきたり、姑《しゅうとめ》にいじめられぬいて、長い年月を過ごしますと、ついにはそれが自分の性質のごとくなり、何事にもびくびくするような感性の所有者となるのであります。神経過敏の性質となるのであります。現今では主人が恐ろしいというでもなく、姑が恐ろしいというでなくとも、些々《ささ》たる事にさえもびくびくする様になるのであります。戦場から帰った人が、ちょっとした物音にも跳上《とびあ》がるようなものでありましょう。あなたの事は知りませんが、私はよくそういう女の人を知っております。若い時に結婚して、主人や姑にがんがん言われて、何でも一つ、主人にも姑にも優しく言ってもらうようにしたい、可愛がられる様になりたいという一心から、耐《こら》え耐えしてきたがために、そして一向、主人や姑は優しくならず、いつまでもいつまでも可愛がってくれぬところから、ついには自分の魂に傷ばかり受けておられるのを見ることがあります。これは一つは自分の性質をあまりいじめて、魂を傷だらけとしたのであります。もし、そうでありとするならば、魂を傷つけたこの傷は、癒すようにせねばならぬかと思います。あなたは性分だから治るまいとかよく言われますが、そんな考えはよくないと思います。そんな言葉さえ使うことはよくないと思います。そんな言葉を用いるとそんな考えがすぐ起こります。その言葉とその考えは道を塞ぎ、蓋をすることとなります。苦しみが真であるならば、苦しみをなくしたいと切に念願するばかりでありましょう。その念願が切であるならば、どうかその念願を中途で葬らずに、あくまでも求めることでありますます。念願がなくなって道の通ずる事は断じてありません。この苦しみは治るまい、無くなるまいと、たとい思うことがあっても、念願は葬ってはなりません。また葬れぬのが本当であります。だから事実として、諦めては見るけれどもまたすぐに苦しいと思い、苦しみから脱したいと努力しているではありませんか。少なくとも分からぬではありませんか、治るか治らぬかは不明であります、不明であるから、やめるとか諦めるとかいう事をよく聞くのですが、私はかえって不明であるために、止めぬと思うのであります。駄目とほんとうに分かったのなら、断念したり、やめたりしてもいいと思いますが、私は分からぬから求めてやまぬと思います。そして信ずべき人が治るといえば、なおさら私は喜び勇んで進みます。自分の智恵や考えを尽くしてきた今日まででは分からなかったとしても、それでも到底駄目だとするのは、まだ不確実であります。それは自分の智恵分別が、人生の最上のものであると自惚《うぬぼ》れておるからでありま す、高慢であります、この高慢の峰を下りて谷をたずね、道を聞かねばならぬ必要がそこにあるのであります。この高慢心は自力の頂点であります、自力はついに自殺であります。自力はこの点においてもすてねばなりませぬ。

五

次には、思想の問題であります、愛の思想であります。

女は、愛を生命とするということを、よく聞きますが、女だけではありません、男だって同じことであります。誰だって人間としては、愛でつながっているのでありますす。けれども、その愛ということについてよく考えねばならぬと思います。

あなたは、若い時から愛ということについて、どんなに考えてきましたか、それを過去に遡って省察せねばなりません。もちろん、あなたは人一倍人間愛の強い方でありましょうが、これが問題であります。人間愛の強い人には、えてして愛の錯誤がありやすいと思います。びくびくするというのは、はたして何が原因であったでしょうか。愛するがためであるか、愛せられんがためであったかを、反省せねばなりません。

求むる心には、常に不安がつきまといます。愛せられようと求むる心には、愛せられまいか、捨てられまいか、嫌われはしまいかという不安と恐怖心がつきまとうのであります。何でも気に入らねばならぬという努力がつきまといます。苦しみがつきまといます。

愛せられようとつとめるのは、他を愛する心ではありません。愛せられようとする心は卑屈な心であります。利欲心であります。女の優しい、いとしい心のようでありますけれども実は卑劣な心であります。

私は、私を愛する人を喜びます、私を愛する人を愛せぬわけにはゆきませんが、私に対して愛されようとしてくる人を嫌います。親にでも、妻にでも、子にでも、そんな様子が見えたときは、私は顔をそむけぬわけにはゆきません。心の内では爪弾《つまはじ》きをしています、ああ、なさけないと心の内では迷惑していきます。まして他人《ひと》からそれを見せつけられた時は、じっと我慢していますけれども、それは他人行儀を出して辛抱しているのでありまして、何ともいえぬ嫌な気がします。その時になお強く出されるとますます迷惑するばかりであって、いよいよ愛する気にはなれません、五歩も十歩も退かざるを得ぬではありませんか。そしてその人は己の求めた愛の得られぬと知った時は、さっさと遠ざかってゆくのであります。私にとっても決して近寄って欲しいとは思いません。ただほんとに愛してほしいものだがなあと、その遠ざかってゆく後ろ姿を見て恨んでいるだけの事です。

六

白状いたしますと、弱者であった私は、今日までいかに強く人の愛を強請していたか知れぬのであります。寺に生まれたものですから、寺といっても生活の安定を得るほどの資産がないのですから、檀信徒《だんしんと》の人々の鼻息をうかがって、愛されんことを願い、愛されんことを生命ともしていました。それは生活の脅迫でありますから、知らず知らずそうなるのであります。普通の交際においても、信仰の友達の上においても同じ意味において、同じ心持ちで過ぎてきました。それは随分長い苦痛でありました。けれども、今日ではもうやめました。過去の自分を反省しますとなさけなくあさましく感ずるからであります。何という卑しい根性であったかと唾棄《だき》したいほどでありま す。思い出すと恥ずかしくてたまらぬのであります。否《いな》、昔のことではありません、今日においても、やはり、そんな、さびしい根性が出るのであります。そしてそれが直ちに不安と恐怖とを生んでおるのであります。せっかく人間に生まれて、いつまで人の機嫌、気づまをとって暮らしましょうや。私はそれでは、とても生きている心地がせぬのであります。といってこれは私が強顔《ごうがん》に威張るというわけではありません。人の親切は親切としてその厚意を喜んで受けます。下げる頭は下げもします。昔よりも下げもしましょう、はいはいというなり次第になる事もありましょう。けれども、私の心の内には昔とは大いに違ったものがあるのであります。

七

私は、心から人を愛したいと思います。私は人を愛する、それだけで好いと思います。それがために、あらゆることを言いもしもします。誰にでも人を愛する心はありながら、それがいつの間にか、ちゃんと愛されたいという欲心に変化しているのであります。

親が子を愛するについては、子から愛せられたいということを願ってはならぬのであります。もしそれを願うならば、それは愛ではなくして利欲の心であります。子が親を思わぬというのは親のその心のあらわれであります。本当に子を愛している親を愛せぬ子がどこにありますか、夫を愛している妻が夫から愛せられておらぬという事はないと思います。

愛する魂は、必ず他の魂を焼き尽くさねばおかぬものであります。これに反して愛を要求する人の真に愛される事は決してありません。一時はあやまって愛されてもついには捨てられるに定《き》まっています。愛はいかに強要しても駄目です。愛する心は常に勝利者であります。愛された者は、いつかは降伏せざるを得ません、愛されようと企《たくら》んで、甘言《かんげん》をかまえたり、美装したりするのは駄目です。そんなことで、魂と魂との交渉は成り立つものではありません。人間の魂はもっともっと正直にできているもので、たとい一時は化かされても化かされた跡から跡から剝げてゆきます、どうせ通るものではありません。お互いに人間の魂の中心には、もっともっと真実なものを要求しているのであります。

八

愛するがゆえに叱りもしましょう。喧嘩もしましょう。それがために怒られても、離れられてもかまわぬと思っています。愛が減ぜんかを恐れて言うべきことも言わぬというのは、その人を愛せぬからであります。愛せられんとする欲望を気遣う利己心のためであります。それは卑屈な根性であると思います。私はこの卑屈な根性を見るとき、この心を呪いこの心を恥じます。愛するがために順従することもあります、反抗せぬこともあります。けれども愛を失うことを恐れての順従ではありたくないと念《おも》います、それは他人行儀であります、愛ではありません。他人行儀という事は利欲打算ということであります。自分に対する愛を失うことの恐れのために、親に順従であるのが道でしょうか、夫に従うのが道でしょうか。妻の愛を失うことを恐れて妻に唯々諾々《いいだくだく》たる人があります。妻の愛を得んがためにつとめている夫があります。そんな人に限って妻の愛を得ている人はありません。それは妻の心に満ち足りないものがあるからであります。それは何であるか、夫の心に妻を愛する心がなくて、愛せられたいという欲があるためであります。そして自覚しなくとも、その卑劣な心の反映を直感するからであります。（私はあなたを念じつつ書きながら、他の事が思えてきて少し脱線しかけました）それが愛するがためになら、褒められる代わりに叱られる方が嬉しいではありませんか。要するに、愛する心と、愛せられんと望む心とを錯誤してはならぬと思うのであります。この二つを我が心の上に明らかにして、他に対してゆくことが必要であると思います。もし過去を反省して、この誤りが発見せられるならば、その長き過去を誤りとして、これから、更めて新しく出直さねばならぬことでありました。そして常に常にこれを念じて進まねばならぬと思います。そうして、進むならば、一歩新しい天地が開けてきます。五歩は十歩となり百歩となってついには大なる領域が広まってゆくのであります。そして自分は次第に広き天地に住むようになるのであります。一朝にはゆかんとしても、誤りと正しい道とが内に明らかになりましたなら、進む事はあっても、もう退くことはありません。

九

最後に、この問題についても死を覚悟せねばならぬという事を申しましたが、生死の境に立って、それを一歩踏切らねばならぬと思います。

びくつく心は、都合よくやってゆきたいという、うまいずるい根性と、愛されようとする心のあるためかと思います。

人間には、ことにあなたは、他を愛する心が強いのにびくびくせられるというのは、愛されざるを恐れる心からではないかと思います。愛されんと願う心は自己防衛の心であります。人が自分を愛せなくなるということは、自然いろいろの生活障害をきたして、いろいろの日常の苦悩となり、それを押しきわめてゆくと、自己の生存が危うくなるという恐れに結帰すると思うのであります。生存が危うくなるとまでは直ちに考えられずとも、少なくとも、現在の状態が破壊されはせぬかという恐怖心があることと思います。他に問題はない、このびくびくする心が苦しくて、これのみが問題だといわれますが、このびくびくの苦を免れたいならば、このびくびくは現在の生活破壊を交換条件として迫ってくるのであります。

自己の生存の確証のためには、夫の愛が必要であり、夫の愛を損ぜざらんがためにはいかなることにも従わねばならぬこととなり、愛を失わざらんがためにはびくびくせねばならぬこととなります。びくびくすることは、自身を弱くしていることであり、魂を傷つけていることであり、苦しいことであり、生命を損じつつあることであり、それが生命の問題であります。すなわち生き苦しいのであります、死に向かっているのであります。死に向かうとき人間は苦しくなり、生に向かうときには光と喜びがあります。感傷的な口調になりましたが、びくびくとして苦しいということは、つまり生と死との境界線に立った問題であります。この死に面する心が生に向かわんとするには、死ぬるか生きるかの問題であります。ここまで来ぬと問題ははっきりしません。

十

愛せられんと望む心をやめて、愛する心をもって向かうという事は、なかなか恐ろしい事であります。それには、自己便宜のための求むるということをやめねばなりません。求むる心をやめて捧げるといいましょうか、女の人は結婚の時から一身を捧げるといわれていますが、実際は捧げておらぬ人が多いのであります。たとい他のために捧げずとも、自分のために捧げねばならぬのであります。すなわち、本当に力強く生きんとするには、他に求めないことが必要であります。他に求めぬという事は生を危うくすることであります。他を愛する心のためには他から棄てられてもかまわぬという決心がつかねば、到底できることではありません。人を愛するという事は真摯《まじめ》に考えると命がけの事です、到底享楽的な心ではできるものではありません。そのためには嫌われるかもしれん、憎まれるかもしれん、あるいは自分以上の者からは、退去を命ぜられるかもしれません、自分から離れられ自分から遠ざかられるかもしれんのであります。それが恐ろしいものだから種々の美名をつけて要するに他人の鼻息をうかがって一生を過ごしてしまうのであります。自分を殺すのであります。一生苦しむのであります。一生暗い心で終わるのであります。この心を仏は苦より苦に入るとい い、冥より冥に入るといわれています。永遠の苦しみであります。

私が命がけの問題であると言いましたのはかかる意味からであります。

十一

家がなくなろうが、人々から捨てられようが、自分を救いたまう如来のましますことが、心から信ぜられた人には、たとい死んでも救いであります。大慈のみ親が生かして下さるならば、たとい人間から捨てられても生きてゆくという自信があります。それでこそ初めて、人に求めぬ心が起こるのであります。もっぱら仏力によって、人にたよらぬ心ができてこそ、真に愛する心が起こりうるのであります。同時に不動の心をうることであります。

この最後の点についてはもっともっと論ぜねばならぬのでありますが、一時に尽くしえません。要するに、死生の問題に到着せねば本当の解決はつかぬかと思います。それがすなわち他力信念の樹立が必要である所以《ゆえん》であります。私は無理に好んでこの点まで持ってきたのでないことを御諒解願います。何もわざわざ、くどくどしい経路をここまで辿って結論することを好むものではありませんが、是非あなたの苦しい心が救われるためには、止むを得ず、自然の帰結としてここまで考えていただかねばならぬと思うのであります。この点までくる必要がないならば、他の学者の説でもお聞きになればよいのですけれども、私に聞かれてみれば、私としては、是非ともここまでお話せねばならなくなるのであります。

いつものごとく、私のくどくどしい文字でありますが、多少でもそれが、あなたの新しい踏み出しの御参考ともなりますならば、私はこの上なく喜ぶことであります。御承知のならぬ点がありましたら、御遠慮なく仰せ下さい、考え直しもいたしましょうし、お答えすることにはお答えもいたしましょう。

結婚論（二）

一、魂と魂

私は時々、人々から結婚について、いろいろと相談を受けることがあり、既婚者からもしばしば、夫婦生活の悲嘆を聞かされることがありますので、それらについて、自分の考えたところを、少々述べてみようと思います。

忘れてはならん第一のことは、魂の交通ということであります。結婚ということは、もとより身体上の問題であって、今日まで離れておったものが、相寄り相知って、共同生活を営むことでありますけれども、多くの人々は、妻を物として考え、夫を物として考えておりはせんかと思います。必要品として道具として自分の生活を便宜ならしむるための物として、そして自分の生活をできるだけ幸福ならしむる、貪欲心《とんよくしん》の満足を得ようと望んでおるのではないかと思います。それは言い換えれば、相手が人間であることを忘れておるのであって、ついには自分をも人間であることを忘れておるのであります。他も自も人間であって、それは物ではないということが明瞭になっておるならば、当然それは、魂と魂の交通であらねばならんのであります。魂と魂との共同生活であることを忘れてはならんと思います。

多くの場合に、形が重要な問題となっているのですが、それは美と醜とを比べたのであって、誰でも、美を愛し醜を嫌うということに、当然なことではありますけれども、それは物として考え、物として見ているのではありませんか。つねに性情とか能力ということが問題となるのですが、それもやはり、自己の生活を幸福ならしむるための必要条件として、物としての考えではないかと思います。それゆえ、いかに美貌であって、能力があって、財産があって、他よりこれを見れば、甚だ多幸に見えておっても、それがいつかは物足りなさを感じ、淋しさを覚えざるを得ないようになるのであります。それは相互が魂ある人間であって、物ではないからであります。人間同士はいかに物質的に見えておっても、結局は、魂と魂との交通によって生きんとしておるものであるからであります。愛ということが大切であるといわれるのも、そのためであります。たとい愛といっても、それが物を愛するような愛であっては、それは遠からず醒めざるを得ないのであって、とうてい、共に棲むことさえ心苦しくなるものであります。それは、心と心、魂と魂との交通がないからであります。いかに美貌であり、いかに才能があり、いかに栄達があっても、そこに魂と魂との交通がないならば、それは決して幸福なる生活とはならないのであります。それゆえ、私どもは、心と心というものの大切なる事、人間生活は魂と魂との交通である事を忘れてはならんのであります。

二、初一念

出発が大事であります。たとい口では何と言っておっても、心の底で何と思っているかが問題であります。

男としても女としても、大略、二様の考え方があるようであります。それは男としては、来てもらうという考えと、貰ってやるという考えであり、女としても、貰ってもらおうという考えと、行ってやろうという考えであります。それを男としても、また女としても、何と考えておるかということであります。

男としては、多く貰ってやろうという考えを持ち、女としては、行ってやろうと考えておりはせんかと思います。その親達の言葉を内面から聞いておると、口ではいただくなどと言ってはおるが、実は貰ってやると思っているのであり、女の方としても、貰ってもらいますと言っておりながら、やってやると思っておる場合が最も多いのであります。

男は、口では来てもらいたいと言っており、女も、貰っていただくと言っておるけれども、その心根は、やはり、貰ってやる、行ってやるであろうと思います、しかし何と思って出発するかの初一念を明らかにしておくことが、大切であろうと思います。結婚生活が時に失敗に帰し、夫婦生活に問題が起こるのは、初一念に立ち返って考えれば、かかる考えが明らかでなかったからではないかと思います。

三、頭が下がっておるか

いずれか一つ、心が明瞭となっておるならば、決心も容易であるし、その後の生活も都合よくゆくのではあるまいかと思います。

人間としては、単独で暮らしてゆけないのであるから、もし来てくれなかったら困らねばならんのであるならば、来てもらうという考えとならねばならんのであって、それならば、頭が下がっておるはずであります。それは来てくれたという心があるべきであって、そこには好感があるわけであります。しかるに口ではそう言っておりながら、心では貰ってやったんだぞと、捨て猫を拾ってやったような心であっては、妻においても好感の持ちようがないのであって、いくら誤魔化しておっても、いつかはその心があらわれてくるに相違ないのであります。また、貰ってやるとか、貰ってあげるという考えは、他の希望をいれて他の悩めるものを愛し憐れみ、貰ってあげるという心持ちならば、それは愛他心から出たのであって、その慈悲の愛他心は永久に継続して、他の欠点についても、また自分の不足の場合にも、その初一念の心がよくそれを補うであろうと思います。

女としても、単独で立ってゆくことができないとすれば、それは貰ってもらうということによって、救われることであらねばならんのです。そこには頭が下がっているはずであって、したがって互いに助け合ってゆこうとする心が起こるべきであります。

かくこの初一念が明瞭であるならば、他の好感もあるであろうし、自分としても不平や不満も、さほど激しく起こらないのであって、他の好意を受けて、感謝もしてゆけようと思います。また行ってあげようという考えが確実であるならば、それは自分が他を救い助ける意味であるから、他のために尽くしてゆくことが目的であったのであるから、不平や不足は起こらないはずでありましょう。

かくいえば、簡単明瞭なことのようですけれども、実際となると、そこには現在及び将来の利害問題の打算が加わったり、我慢や、意地や、高慢が出てきて、そうたやすくはいきがたいのであり、虚栄や、負け惜しみや、汚い種々な心が出てくるのであります。それゆえ、貰ってもらうと言っておりながら、実は行ってやるのだという、傲慢な心を内に包んでおったり、来てもらうと言っておりながら、貰ってやったんだと、高慢な心を持っておったりして、互いに、内心には悪い心を隠して、なおかつ多大の欲望を抱いておるのですから、その悪い、いやな心が、次第次第に外に現れて、しかもその目的としておった欲望が充たされない場合には、愚痴に泣かねばならない様なことになるのであります。それでは魂の交通というものがあるわけがなく、見えてくるものは、互いに嫌な魂ばかりであります。どうして、そのままで人間同士が暮らしてゆけましょう。それゆえ、人々は皆苦しみながら泣きながら、やっと貪欲《とんよく》の割引をして、その幾分でも満足するところで、堪《こ》らえ堪《こ》らえて生活しておるのであろうと思います。それゆえ、既婚者であっても、結婚の初一念に立ちかえって、自分はどんな心を持って結婚したのであるか、またどんな心で生活してきたのであるかを、とくと反省して、考え直さねば、その不幸なる生活を回復することはできないのであります。

ある人が結婚の決定について相談せられた時に、私は双方の事情と考えとを聞いておると、容易に賛否が決せられなくなりましたので、要は、自分が種々の事情で困るのだから、貰ってもらおうと考えるか、先方が気の毒だから、行ってあげましょうと考えるかである。貰ってもらうのなら助けられるのだから、問題はないはずであり、行ってあげようと思うのならば、将来がどうなろうと、また事情が難渋《なんじゅう》であろうと、精一杯尽くしてゆくばかりだといったら、その一語によって、長らくの宿題が解決したのでありました。しかるに出発の初一念を明らかにせずして、他《ひと》には、来ていただきたいと頭を下げさせて、自分は行ってやろうという下心であり、また一方でも、先方に貰っていただきましょうと頭を下げさせて、内心では貰ってやると思っているのですから、こんな心を持った両者の結合が、何で都合よくゆきましょう。かかる欺きと、撞着《どうちゃく》した心は、これを反省してゆかなければ、好《よ》き魂と魂との生活は決して生まれてこないのであります。

四、これからだ

それから、結婚ということによって、男も女も、頭がストップしてはならんのであります。「これからだ」ということを忘れてはならんと思います。それは何といっても、それは人生の第一期でありますけれども、それを最後のゴールに入ったように、考える人がないでもないと思います。それゆえ結婚ということによって、発展の芽の止まる人が随分多いようであります。それからは延びない人が随分あります。学問もそれからは発達しなくなり、実務でもそれからは発達しなくなる人が多いのでありま す。

特に女の人にあっては、頭がとまってしまう人が多いようです。私はいつも女の人の悪口をいうようですが、あえて悪口ではなく、女の人の上を思うからですが、実際そう思えます。それは結婚以前のすべての事が、学問にしろ何にしろ、皆結婚準備のようであって、結婚ということによって、何もかもすべての事が落着すると考えられているようであります。親も安心するが、当人も安心してしまって、結婚さえすれば、一生はもう幸福にゆくものであるというように、考え過ぎていますから、かえってその予想に反することばかりが出てきて、不平不満が多くなってくるのです。男でそういう人もありますが、男にはそれほど安心してしまうものは少なく、また安心できないようにできているのです。妻を持ち子を持ち、家を持ってゆかねばならんと考えますから、そんなところで落ち着いておれないのであり、結婚によって妻を得て、妻によって内助の慰謝を予期することはあっても、それと同時に将来の重荷を感ぜざるを得ないのであります。それゆえ、男には「これからだ」という心持ちはあっても、女の人にはそれが乏しいと思います。女の人は結婚によって永久的幸福の第一歩に入ったように考えて、それからはただ、もっと幸福に、もっと満足に、もっと自由にありたいと、幸福生活の要求ばかりが強くなるのは、そのためでありましょう。他人と見比べては、もっともっとと要求することはあっても、「これからだ」という考えはなくなっておりはせんか。男が妻子を繫累《けいるい》と感ずるのはそのためであり、努力心がストップするからであろうと思います。働くとしてもそれはやむを得ず働くのであって、精々のところが食事と衣服についての世話ぐらいに止まって、一家の発展とか、一家の将来とか、自分一己《いっこ》の発達というような事は、止んでしまうのであります。妻は夫と共に協力しつつすべてについて前進せねばならんのであるのに、かえってその進行を妨げたり害したりするようなことはありますまいか。それがため常に進むというよりは、引きずられてゆくというような傾きはないかと思います。結婚は努力の終点ではないのであって、かえってこれから、人生の本舞台が始まるのであるということを、忘れてはならないのであります。互いに扶《たす》け助けられて、生活が発展せねばならんのであって、外的生活の向上のためにも互いに助けつつ、内的生活としても互いに各自の心が琢磨されて、是非とも一人前ともいうべき、完全なる幸福者にならねばならんのであります。家庭生活というものは、完全なる真の幸福者となるべき学校であり、修道者にとっての道場であります。それゆえ真の幸福者となるためには「これからだ」という覚悟がなくてはなりません。

五、人生の初旅

結婚によって、生活の真の旅というものの、第一歩が始まるのであります。親の下にいる間は、それはコンマ以下なのであります、女にあっては、夫のもとに生活して、他人である親を持ち、兄弟を持ち、すなわち他人の中に出た旅なのであります。男にあっても、親の下にあると親の下を離れるとを問わず、妻を持つということによって、はじめて一人前の人間となって立ったというべきであって、これから旅の歩みを運ぶのであります。たとい両親と同じ家に生活しても、一家の風光はまったく変わってくるのであって、真の人生はそれから始まるのであります。人生には春の野ばかりではない、木枯らしも吹く、夏の暑苦しさもある。山もあり川もあり、坂もあり谷もある。その紆余曲折《うよきょくせつ》によって磨かれて人となり、幸福の真の道に出るようになるのでありいます。人間は道に精進する心が止まると、貪欲ばかりが強く盛んになるものであります。ともかくも未成品である自分が、自利と利他とを念願として、これから完全なるものになろうとする向上心を失わぬように、遠大なる理想を持たねばならぬのであります。

六、菩提心の発芽

人間本来の性質としては、貪欲心の強いものでありますが、結婚というもの、すなわち夫婦生活によって、男も女も多少、愛というものを知るのであります。それがたとい、貪欲の利己的精神から出たものであっても、一縷《いちる》の愛他心というものを知って、自分以外のものを愛するようになり、利己を忘れて他を思うという心が出てくるのであります。真正なる慈悲でなくとも慈悲に近いものを知りはじめるのであります。利他愛がすなわち自愛の道ということも知るようになるのであります。

結婚生活によって、子というものが出てくる。特に女の人にあっては、子というものによって、他と自とで一つであるということが分かり、他であって自分でない子というものを愛し、愛他という心が発《おこ》ってくるのであります。子も自分であるが、夫も自分であるということを知るのであります。そこには憎い可愛いといっても、物として見るのでなく、自己の名と利とを打算してでなく、ただ魂と魂との交渉というものが明らかになって、利害を離れて、魂の問題として、子を自分としての可愛さが出てくるのです。この愛他心というものから、利他《りた》円満が真の幸福道であることを知り、そして仏心の大慈悲を感ずるようになり、また人々を愛する利他心というものともなるのであろうと思います。それゆえ、子を持つということは結構なことだと思います。韋提希夫人《いだいけぶにん》に頻婆娑羅《びんばしゃら》という夫がなく、阿闍世《あじゃせ》という子がなかったならば、悪逆無道に苦しめられることもなかったでしょうが、その代わりに、道を得て真の幸福になることもできなかっただろうと思います。

とにかく、結婚ということが、そのままでは幸福そのものを得たのでないことを知らねばなりません。たといそれを幸福の全体だと思っていても、その夢は永く続くものではなく、夢なるがゆえに、早晩、醒めるにきまっておるのです。せめてその時にでも、真の幸福というものはこれから探し求めねばならんのであったということに、気づかねばならんのであります。現世《げんせ》に起こり来る時々物々は皆、如来光明の外《ほか》に出ずるものはないのですから、結婚によって始まった人生生活というものによって、如来は我々を真の幸福に達せしめんとしていられるのです、それゆえ、人生生活は、真の幸福の道程であります。我々は夫も妻もこの道程中において、その幸福道に達せねばならんのであります。

丁度好いのだ

一

信仰生活の表現とでもいいましょうか、信仰生活の内容を一語にしてあらわすならば、私は「このままで丁度好《ちょうどよ》いのだ」という言葉であらわせば好いと思うのでありなます。すなわち私は日常生活中においていかなる時でも、いかなる問題の起こった時でも、すぐそれを「丁度好《ちょうどよ》いのだ」と思えることを喜んでおるのであって、また何事もそれを、丁度好いと思いたいのであって、それがために、常に聞法《もんぼう》求道しておるのであります。また信仰を得たいとか、得たとかいうことは、何事についてもそれがそのまま「丁度好いのだ」と思えるようになることであると言いたいのです。ただし、これは私が好い境遇に生活していると思っているからではなく、また他人から見て好き境遇にいるから、そんなことを言っているのだと思われるかもしれないが、私は私の現在の境遇をさほど、我欲的に満足し結構なと思っているのではなく、私にはかえって種々の問題があって、常に苦しみ常に悩んでいるのであります。しかしながら、その中からも「丁度好いのだ」と思い直せることが、私の内心の喜びであって、それが信仰のたまものであると思っているのであります。

二

それは矛盾したことを言うようですが、私の心の中には、すべての事を丁度これで好いのだと思える心と、これではどうもならんと悶え悩む心との、二つの心があるのであります。実際私の心の中には、かく二つ心が縄のようになわれているようでありま す。しかしながら、この矛盾したような心がありながら、やっぱり「丁度好いのだ」とこの矛盾が一致してくれるので、私はやっと救われて、毎日毎日の生活の歩みを運んでいるのであって、これでは困るから走らねばならんと思って一生懸命になっているのでもなく、それだといって、丁度これで好いのだと、安閑と座り込んでいるのでもありません。そしてかかる心持ちをつくづく喜んでいるのであります。もとより人生にはこれ以上にどんなことが湧いてくるかもしれないのです。しかしいかなる境遇に際しても、「丁度これで好いのだ」と思えるようにありたいと願っているのでありります。愚かな私ですから、その場合にあたって、どんなに苦しむか悩むかもしれないのですから、もし「丁度好いのだ」と思えないことがありとすれば、それは、私の信仰の不確実を証拠立てられるのですから、それは致し方のないことであって、その時には苦しむだけ苦しみ、悩むだけ悩まされて「丁度好いのだ」と思えるように道につとめねばならんと思っているのです。しかし、今では、それがいけそうであると思えるものですから、将来を眺めても現に安心して生活しているのであります。

三

本来、私どもには「丁度好いのだ」と思えないのが普通であって、かってはそんな事は少しも思えなかったのであります。思えないから、学問をしたり生活方法に努力したりして、日もこれ足らずといった風であったのであります。家庭の諸問題にしましても、常にこれではならぬ、これではいけないと、苦しみぬき、焦りぬいて、身心を疲れさして、泣いたり怒ったり、そして人を恨み、世を呪っておったのであります。

生が苦であるということはかかる状態をいうのであります。病気になったことも、それを丁度好いと思える人があるはずがなく、誰だって病気は悪いものにきまっているのです。死だってそうです、誰が死を丁度好いと思うものがありましょう。人の死ぬことなら、丁度好いとも思えるかも知れないけれども、自分自身の死ぬことが丁度好いなどとは、決して思えるものではありません。生活に関する諸問題を、丁度好いと思えないから、いつもいつも、何事につけても、安心も満足もなく、ひたすら苦しみあえいでいるのであり、貧乏はよくない、老いることはよくない、病気になることはよくない、なおさら死ぬことはよくない、好くないことばかりの中を走っているがゆえに、現実生活が苦しいのですから、幸福安楽になるということは、この好くないと思えるそのすべての事が「丁度これで好いのだ」と思えることの外《ほか》に、苦しみの助かる法はないのであります。

四

普通の生活、無信仰の生活者の心の中は、何事についても、これでは好くない、これではならぬ、という心の連続であろうと思います、そしてこの「丁度好いのだ」という心が出てこないのであって、「これではならぬ」というものばかりの生活ではないかと思います。ですから、知ると知らざるとはあっても、「丁度好いのだ」と思える心を必ず要求しておるのであります。

私は前に、丁度好いと思う心と、これではならぬと思う心との、二つがあるといいましたが、誰れ人にも、この二つの心が多少ともあるのであろうと思います、この二つの心の関係を考えてみると、主客的関係とでも申しましょうか、主伴的関係とでも申しましょうか、普通には、たとい、これで丁度好いのだと、喜ぶ心が起ることがあっても、しばらくするとこれではならぬという心が、そのあとから起こってきて、その心が主人となるのであります。しかしながら信仰の上からは、時々、これでは困る、これではならんと悩むことがあっても、よくよく考えると「丁度これで好いのだ、丁度好かったのだ」と思えてきて、その方が主人であり、これではならぬと思った方が客となって、客は時々来てもすぐ帰って行きます。つまり昔の心と今の心とは、主客の位置が転倒したのであります。炎には動ばかりがあって静はないけれども、水には波の動があってもただちに静にかえるを、その性とするとでもいいましょうか。

五

これで丁度好いなどというと、それは消極的の響きを与えるようであり、退嬰《たいえい》的にも考えられるようであって、時にはそれを停止のように考える人さえありますが、それは決して、発展とか活動とかのストップではありません。むしろ真の幸福、真の発展の源泉であろうと思います。そもそも向上発展の精神は、人間の生きている限り、誰でも、止めようとしても止められるものではありません。しかしながら、向上発展の願いを内に抱いて、常にこれではならん、これでは好くないと、不平と不足たらたらで働いておっては、どうしてもそれを幸福とはいえないではありませんか。また不平と不満とを抱いて、焦り焦って走っておっては、真の発展は期し得られないと思います。しかるに、常に不平と不満足とはなければならぬものだとか、満足すれば発展が止まるなどという人がありますけれども、それは浅薄な考えであって、走りさえすれば好いと考えているのでありましょう。それでは永久、助かる時がないこととなります。それは苦悩生活の連続であり、沈倫生活、流転生活ともいうべきであって、真の幸福も真の発展もなく、不安の連続と苦悩の連続に過ぎないのであります。

六

一遍でも好い。静止して、しっかり立つことができねばならんと思います。走っているばかりの心で生活しておっては、苦しくて仕方がなかろうと思います。時々は立ち止まって休みうる境地がなくては、更に歩みを続けることもできない訳です。動も静を失えば転覆します。静も動をやめれば腐ります、それは死です。しかし、これではならんと、不満と不平ばかりに鞭打たれて走っているのはそれでは苦悩であって、幸福でも安楽でもありません。どこまで偉くなっても満足せず、いかに金ができても、不満であり不足であっては、富者ということはできないわけです。それを釈尊は「貧窮者」と申されたのであります。たとえばここに人があって、いかに親切に世話をしてやっても、安楽にしてやっても、決して満足をせず、常に、これでは困る、これではよくないと、思っている者がありとするならば、その人ほど不幸なものはなく、その人にはいくらその上に力を足してやっても、決して満足する時がなく、したがって感謝する時もないのであります。また満足して喜んだからといって働きがなくなるものではありません、かえって満足と感謝があればこそ、一層その人は働いてゆくに相違ないのであります。要は、満足して働くか、不満足で働くか。不平で働くか、感謝して喜んで働くかの相違であります。不安で働くより安心の上から働く方がよく、不平で働くよりも喜んで働く方がよろしい。その方がその人のためにも他の人のためにも幸福なるのみならず、なお一層、自由に働ける訳であります。それは「丁度好いのだ」と思えるか思えないかということに基因するのであります。

七

働くとか発展ということにも、自分のみのためを考えてするのと、人のためと考えてするのとの二様があり、また自他のためと思ってするのとがあります。自分のためには満足しても、他《ひと》のためを考えるときには、働かずにおれなくなる場合もあります。それなれば、いくらでも働くことはつきないものであります。人のためなどは、まだ考えられないで、自分のためばかりに働いて、それでも満足することがちっともできないとすれば、その内心はきっと淋しからざるを得んのであって、また不安極まるものであります。それゆえ、私は「丁度好いのだ」と思えることを喜び、人々にも「丁度好いのだ」と思えるようにあれかしと、念願せざるを得んのですけれども、多くの人は、それを幸福と思わず、かえって自らの幸福を破壊するものだとさえ考えられているようであります。私はそれを活動の源泉であると思いますが、人々は活動発展を阻止するものであると考えられているようであります。繰り返していえば、事実として、生活というものは生きているものであって、常に流れてやまぬものですから、止まれと命じても止まれるものではないのであります。もし利己のために努力し発展することが停まるならば、それはきっと、利他のために働くようになるものであって、ただ働く性質と目的が転化するだけのことであります。自分のために働かないとなれば子孫のために働くとか、一家のために働くことをやめたものは社会のために働くようになるとか、とにかく、永久の停止は死でありますから、死せざる限り、人間の欲望が止まるものではなく、止まれば流水は氾濫するように「丁度好いのだ」と満足する心は死ではありませんから、これこそ、屈するのは伸びんがため、休むは働かんがための力であるようなものであって、実に現在の生活上にあって、無くてならぬ大事な心であることを言いたいのであります。むしろ、一般には「これで好いのだ」と思えないのであり、止まれないために困っており、悩んでおるのではありませんか。それゆえ、それは発展の停止ではあるまいかと心配するよりは、現在の苦しさ悩ましさからは、是非ともこの心一つを求むる必要があるのであろうと思います。

八

それは、いかにも、一面には、停止のようにもあり、消極的のようでもあります。すなわち、病気になれば働けない、働きたくても働けない、働けなければ困ることが次々にとやってくるのである。成功しようと思って考えた事が失敗しそうであるときに「できなければしなくともよい」「成らなければ成らなくてもよい」ということでありますから、それは消極的のようであります。しかしそこからは安心という積極的のものが出てくるのであります。これを消極的というならば、積極を生む消極とでもいえばよろしい、それは単なる消極的のものではありません。

なんでもかんでも成就させねばならんと、力んだり努力したりしてみても、それが成らない時にはどうしても成らぬということは、日常我々の目撃しておる事実であって、それを何でもかんでもと走ったり焦ったりしても、それは苦しむばかりのことであって、かえって失敗を招くようになるのです。できぬことを知りながら、何でもかんでもと焦って苦しんだり、失敗したりするというようなことを時々演ずるのは、「丁度これで好いのだ」と考え得る心の立場を持たないからであります。

九

貧乏をしたら、丁度好いのだと思って、一層、働いて立身を謀るがよい。損をしたら、丁度好いのだと思って自己の欠点を反省するがよい。失敗したら、丁度好いのだと思って、慎んで回復を急ぐがよい。病気にかかったら、丁度好いのだと思って、休養するがよい。病気の床も修養の道場であります。老いが来たら、丁度好いのだと思って、自分の取るべき道を考えるがよろしい。死が来たら、丁度好いのだと思って、死ぬがよろしい。家や財産や、妻や子のためにも、それが丁度好いのだと信じて死ぬがよろしい。かく考え得る人こそ、真の幸福者であります。それは人生に囚われない自由人であります。これだけの心になれてこそ、人生生活を自在に闊歩することができるのであって、人生不如意などと呪ったり悲しんだりしなくとも好いようになります。死に対しても、丁度好い、生に対しても丁度好いのだとなってこそ、生死に苦しめられず、生死を超脱することができるのであって、よく死しうるものこそよく生き得るのであり、よく生き得るものこそよく死しうると申されるのであって、死し得ないものが、よく生き得るということはないはずであり、同様によく生き得ないものが、死し得るということも、あり得ないことであります。「生死《しょうじ》に処して疲厭《ひえん》なけん」（「信巻」聖典二三二頁）と信心の力として聖人が申されたのも、この辺の意であろうと思います。

十

「丁度好い」と観ずることは、一般の修養としても、かく楽観的に考える人も、随分ないこともありませんが、しかしそれで丁度好いようになっているのだと、何事についても、いかなる時でも左様《さよう》に思い得るかどうかとなると、なかなかそれは難事でありまして、すぐこれでは困るとか、これではならんと、腹底から心配したり、悲しんだりせずにはおれないようになるのであります。ですから、そんなことが、言うごとく容易《たやす》く思えるであろうかというならば、それは容易《たやす》い事ではないと申さねばならんのであります。「これで丁度好いのだ」などとは、聞いたからといってただちになかなか思えないのであります。けれども、そうなれなくては、私どもの助かる道が他にないのですからそれがためには求道せねばならんこととなるのであります。このままでは好くないとは、容易に思えますけれども、丁度好いのだとは思い難いものでありますそれは他力本願《たりきほんがん》を信ずる信によってのみ、思い得るようになれるのでありまかく豪《えら》そうに申しますと、私が卒業生であるかのように聞こえるかもしれませんが、将来に対しては私も怪しいものですから、うかうか心を許したことはないのでありますしかし今日までは、少しはそういう心持ちで生活できる常識を感謝しておるのであります。

十一

信仰によると申しましたが、厳密な信仰上の話になると、一心ということをいつも申されるのであります。私はここでついでに一心ということについて、一言申しておきたいと思うのです。他力本願を信じたという信仰の人の、信仰生活についてでありますが、つまり、信仰と現実生活との交渉関係についてであります。死については安心したが、今日の生活上のことについては、どうも安心がならぬとか。あるいは今日の生活上でも安心もし感謝もしておるが、死の問題となると安心ができず、感謝もできないという人がありますが、私はこれはお互いによほど、大事に考えねばならんことであると思うのであります。それは、もとより生を離れたる死もなく、死を離れたる生もないからであります。しかるに我々の方で、勝手に生の問題とか死の問題とかいってこれを切り離して考えたり、安心したりしておるからであります。それゆえ死の問題が助かって安心したというならば、その死は生老病《しょうろうびょう》を全うしたる死でなくてはならんのであります。また、生の問題を如来によって安心したとか救われたとかというならば、それは必ず老病死を全うしたる生の問題でなくてはならんのであります。老の問題についても、病の問題についても、皆同様でなくてはならんのであって、病気の悩みは死の悩みであり、生活の悩みであってこそ、真に病の悩みということができるのであり、生老死を全一としたる病気について安心してこそ、生についても死についても安心したということとなり、一心が助けられたということとなるのでありま す。それゆえに、真実の信仰問題の時には一心の問題といって、この一心が助かるか助からないかを大問題とするのであります。この一心とは、すべてを全うしておる心であるから一心というのでありまして、天親菩薩《てんじんぼさつ》が、

世尊《せそん》、我《われ》一心に、尽十方無碍光如来《じんじっぽうむげこうにょらい》に帰命《きみょう》し

（『浄土論』聖典一三五頁）

と申された一心は、この一心であります。すなわち一心の外《ほか》に天親菩薩はないのであります。ゆえに一心が救われたということは、生も老も病も死も救われたことであって、かかる意味において死の問題によって一心が救われたのならば、老に関しても病に関しても、また生活上に関しても救われたこととなって、そのいずれについても解決を得て、安心と満足というものがあるべきはずであります。しかるに、一番沈痛な

る死の問題の解決を得たと思っていながら老に苦しめられ、病に悩まされ、生の諸問題に悩まされねばならんこととなるのは生老病を全うしないで分裂したる単なる死の問題であるからであります。それゆえ「丁度好いのだ」ということなどは思えないのであります。「丁度好いのだ」と思えない生活に、感謝や歓喜の生活が味わえるはずがありません。

十二

熱心に求道聞法《ぐどうもんぼう》しつつあったある人が、信仰談の席で、早くから出席して私を待っておられて、早速、前に出て、

「あまり人様の多く来られない間に、ちょっと、お礼を申したいのです、実は三年前に申されたことが、私の阿呆なためにどうしても解《わか》らず、しかもその一語がどうしたものか、忘れることができないために、今日まで熱心に聞法し求道してきたのでありましたが、それがこの間、やっと解らしていただきまして、やれやれと喜んでいるのであります。夫に死なれた悲しみや、家や財産のことで種々の問題がありまして、そ

の事を貴方《あなた》に申したことがありましたが、その時、あなたは、それで『丁度好いのだ』と申されたのであります。何が丁度好いことがあるものかと、思いましたけれども『丁度好いのだ』と言われた言葉が、何だかどうしても忘れられないので、これが解るまでと思って、丁度三年の間、一心に聴聞して考えておりました、ところがこの節になって、ほんに丁度好いのだった、ということが解りました。ほんとうに、何もかもが丁度好いのでした。世界中が丁度好いのだったと思えます。あまり有り難いので改めて御礼を申したくなったのであります」

と喜んでおられたことを思い出すのであります。私はそんなことを言ったのを忘れておりましたが、丁度好いのだったと、本当に醒めた喜びであったのに驚かされたのです。如来によって、丁度好くなされておったのであった、ということが解ったのでありましょう。

光明遍《あまね》く十方世界を照らす。念仏の衆生《しゅじょう》を摂取《せっしゅ》して捨《す》てたまわず。

（光明遍照十方世界、念仏衆生摂取不捨）（『観無量寿経』聖典一〇五頁）

であります。信の眼の開けた時、光明の世界を見る、光明の世界を見るもののみ「丁度これで好いのだ」と思うことができるのであります。止まれば止まったまま、動けば動くまま、行来進止、それがそのまま丁度好いのであります。

あとがき

本書は、大正一二（一九二三）年に発刊されたものに、最後の四篇の増補を加えて、昭和八（一九三三）年に成同社から再刊されたものを、現代仮名遣いに改めた校訂版です。

著者の蜂屋賢喜代師は、清沢満之門下で大正の末期から昭和の中期にかけて大阪を中心に活躍した真宗大谷派の僧侶であります。

この書は、蜂屋師初期の文集であり、誰にでも起こりうる人生生活上の苦悩に寄り添うようにして、非常に具体的に優しくかつ深く書かれており、仏とも法とも何も知らない中を、自らの職業問題、家庭問題に悩み出した私自身が、幸いにも聞法生活を始めるようになった当初から今日に至るまで、常に座右において親しみ、仏の智慧をいただき続けている書であります。

この度、長年の念願でありました本書の復刊を、昨年出版していただきました蜂屋師の『苦の探究』と同様に法藏館にお願いしたところ快諾してくださり、かように刊行の運びとなりました。原著からのタイプ原稿作成は、菊地香円氏（真宗大谷派ハワイ開教区開教使）にお願いし大変お世話になりました。ここに、西村明高社長をはじめとして、戸城三千代編集長、大山靖子氏、和田真雄氏など、お世話になりました方々に、衷心からの厚い感謝の思いを記したく存じます。

最後に、この書が様々な苦悩をかかえて生きる同時代人のお心に寄り添い、良き伴侶となりますことを深く念願する次第であります。

合　掌

二〇二〇年四月

ニュージャージー草庵にて
真宗大谷派（東本願寺）北米開教使

名倉　幹